富水复合地层
地铁盾构修建关键技术

胥　明　张慧鹏　张志强
郭子琦　许　勇　夏　明　/著/

四川大学出版社
SICHUAN UNIVERSITY PRESS

图书在版编目（CIP）数据

富水复合地层地铁盾构修建关键技术 / 胥明等著 .
成都 ： 四川大学出版社，2024. 11. -- ISBN 978-7
-5690-7491-8

Ⅰ . U231.3

中国国家版本馆 CIP 数据核字第 2025HB1214 号

书　　名：富水复合地层地铁盾构修建关键技术
　　　　　Fushui Fuhe Diceng Ditie Dungou Xiujian Guanjian Jishu
著　　者：胥　明　张慧鹏　张志强　郭子琦　许　勇　夏　明

选题策划：李思莹
责任编辑：唐　飞
责任校对：王　锋
装帧设计：墨创文化
责任印制：李金兰

出版发行：四川大学出版社有限责任公司
　　　　　地址：成都市一环路南一段 24 号（610065）
　　　　　电话：（028）85408311（发行部）、85400276（总编室）
　　　　　电子邮箱：scupress@vip.163.com
　　　　　网址：https://press.scu.edu.cn
印前制作：四川胜翔数码印务设计有限公司
印刷装订：四川五洲彩印有限责任公司

成品尺寸：185mm×260mm
印　　张：11
字　　数：267 千字

版　　次：2025 年 2 月 第 1 版
印　　次：2025 年 2 月 第 1 次印刷
定　　价：58.00 元

扫码获取数字资源

四川大学出版社
微信公众号

前言

　　近年来，随着国民经济的快速发展，城市轨道交通在我国各大城市也逐渐网络化、规模化。各大、中城市争相建设自己的城市轨道交通网络，对充分发挥城市功能、改善环境、促进经济社会发展起到了重要作用。但随着新一阶段的轨道交通建设热潮，各地轨道交通线网不断扩大、加密，建设条件越来越苛刻，周边环境越来越复杂，各种新情况、新问题不断涌现，后期施工建设的轨道交通线路，难以避免会出现需要穿越已建乃至运营中的轨道交通设施。因此，后期盾构隧道穿越运营轨道交通车站或区间，尤其是在既有运营线路未预留穿越条件时，如何确保后期盾构法隧道穿越过程中既有轨道交通车站和区间的安全，成为南昌地区急需解决的问题。目前，南昌地区轨道交通已初步呈现出网络化特征。但随着第二轮建设规划的实施，城市发展与轨道交通建设的矛盾、已有理论与南昌地区当地特色地层不能完全匹配的矛盾、旧规划与城市轨道交通建设发展之间的矛盾等日益突出，如何摸索总结出一条既符合国家普遍规范，又适合南昌地区当地特色的轨道交通建设理论，已成为参建各方越来越关注的交点。鉴于此，本书针对富水复合地层地质环境，从盾构选型、掘进参数控制、下穿既有隧道和车站的沉降控制和风险评估等方面详细介绍富水复合地层地铁盾构修建关键技术，力求掌握适应于南昌以及类似富水复合地层相类似地铁隧道穿越既有运营线路的客观规律，以期为复水复合地层土压平衡盾构的安全高效施工提供参考。

本书可为从事盾构隧道相关专业的设计、施工、科研人员提供一定的指导。全书共 10 章。第 1 章简要介绍工程概况和重难点，并对富水复合地层地铁盾构修建关键技术的研究现状进行概述。第 2 章阐述富水复合地层盾构机类型选择、机型选择、刀盘刀具选型和配置及螺旋出土器类型选择。第 3 章对复合地层盾构掘进参数进行统计，进一步研究了复合地层盾构刀盘受力特征、盾构全滚刀破岩颗粒流模拟方法、盾构掘进参数与滚刀受力相关性，以及盾构机掘进参数控制标准。第 4 章详细分析复合地层渣土改良方案及改良剂合理添加比，确定渣土改良参数与掘进参数的相关性等。第 5 章研究复合地层盾构下穿既有隧道结构沉降规律，通过对地层及结构沉降变形与结构失效的关系进行分析，建立适用于南昌地区的既有运营轨道交通区间沉降控制标准。第 6 章提出人工地层冻结法下穿车站施工技术，详细阐述全过程施工方案，并结合数值模型研究温度场发展规律、冻胀规律和融沉规律。第 7 和 8 章阐述城市敏感环境盾构施工克泥效沉降控制新技术，对克泥效浆液的微观成分、流变性能、扩散性能和控制效果等进行研究。第 9 和 10 章分别评估富水复合地层盾构下穿既有区间隧道和车站的风险。通过对富水复合地层地铁盾构修建关键技术系统全面的研究，能够有效地解决相似地层盾构施工出现的一系列问题，保障隧道的安全高效掘进。

本书主要由南昌轨道交通集团、中铁五局集团和上海市隧道工程轨道交通设计研究院主编，西南交通大学参编，参加本书撰写工作的还有陈星、陈登开、徐毅勇、鲍艳玲、钟广、黄逢源、张康健、张炜、黄志、曾云嵘、李哲宇、罗超、王安华、彭俊仁、罗程。

鉴于编者水平有限，书中不足之处在所难免，敬请有关专家及读者批评指正，提出宝贵意见。

编　者

2024 年 8 月

目　录

第1章　概　论 ……………………………………………………………（ 1 ）

1.1　工程概况 …………………………………………………………（ 1 ）

1.2　工程重难点 ………………………………………………………（ 2 ）

1.3　国内外研究现状 …………………………………………………（ 3 ）

第2章　富水复合地层盾构选型 …………………………………………（ 6 ）

2.1　盾构机类型选择 …………………………………………………（ 6 ）

2.2　盾构机机型选择 …………………………………………………（ 11 ）

2.3　盾构刀盘刀具选型和配置 ………………………………………（ 13 ）

2.4　螺旋出土器类型选择 ……………………………………………（ 16 ）

第3章　软硬复合地层盾构机掘进参数控制 ……………………………（ 20 ）

3.1　复合地层盾构掘进参数统计 ……………………………………（ 20 ）

3.2　复合地层盾构刀盘受力特征 ……………………………………（ 23 ）

3.3　盾构全滚刀破岩颗粒流模拟方法 ………………………………（ 26 ）

3.4　盾构掘进参数与滚刀受力相关性 ………………………………（ 31 ）

3.5　盾构机掘进参数控制标准 ………………………………………（ 32 ）

第4章　富水复合地层盾构掘进渣土改良技术 …………………………（ 41 ）

4.1　渣土改良必要性 …………………………………………………（ 41 ）

4.2　渣土改良剂性能测试 ……………………………………………（ 42 ）

4.3　渣土改良试验 ……………………………………………………（ 44 ）

4.4　渣土改良的工程应用 ……………………………………………（ 51 ）

第5章　复合地层盾构下穿既有隧道结构沉降规律和控制标准 ………（ 53 ）

5.1　新建盾构隧道下穿施工开挖数值模拟 …………………………（ 53 ）

5.2　计算结果分析 ……………………………………………………（ 56 ）

5.3　既有区间隧道结构沉降控制标准 ………………………………（ 62 ）

第6章　盾构下穿既有车站人工地层冻结法施工技术 …………………（ 65 ）

6.1　工程概况 …………………………………………………………（ 65 ）

6.2　冻结加固设计 ··（65）

6.3　钻孔施工方案 ··（71）

6.4　冻结施工方案 ··（76）

6.5　开挖施工及支护 ··（77）

6.6　清障及盾构推出 ··（80）

6.7　地层融沉注浆方案 ··（81）

6.8　冻结工程实施效果 ··（82）

6.9　温度场和位移场数值模拟分析 ··（90）

第7章　城市敏感区域穿越既有线路克泥效沉降控制技术 ·····················（103）

7.1　克泥效工法技术原理 ··（103）

7.2　克泥效浆液材料特性 ··（104）

7.3　克泥效浆液微观成分 ··（107）

7.4　克泥效浆液流动性能 ··（109）

7.5　克泥效浆液流变性能 ··（111）

7.6　克泥效浆液扩散性能 ··（114）

第8章　盾构下穿既有隧道克泥效工法效果分析 ····························（120）

8.1　克泥效工法数值模型 ··（120）

8.2　地表沉降变形分析 ··（122）

8.3　既有隧道底部竖向位移分析 ··（126）

第9章　富水地层盾构隧道下穿既有隧道风险评估 ··························（131）

9.1　既有区间隧道结构风险评估体系 ··（131）

9.2　层次－模糊综合评价模型 ··（135）

9.3　既有2号线区间隧道结构风险评估研究 ······································（140）

第10章　富水复合地层盾构隧道下穿既有车站安全控制标准与风险评估 ·········（149）

10.1　安全控制标准 ··（149）

10.2　盾构隧道下穿既有车站的施工风险定量评估 ·································（149）

参考文献 ··（166）

第1章 概　论

1.1　工程概况

　　南昌地铁4号线一期工程土建02合同段六工区线路长度约2.2km，含2站2区间（丁公路南站、丁公路南站～丁公路北站区间、丁公路北站、丁公路北站～人民公园站区间）。区间线路起于丁公路南站，沿丁公路向北偏东穿行，下穿既有2号线丁南区间，沿丁公路继续向北，侧穿广场南路社区住宅、江西邮电公寓、南柴社区等建筑后过金盆路，接入丁公北站小里程端。区间出丁公路北站大里程端后，下穿1号线丁公路北站后，过北京西路后进入省府大院，沿东三路向北继续穿行，到达人民公园站。

　　根据勘察资料所示，丁～丁区间下穿段在钻探深度揭露范围内的地层由人工填土、第四系更新统冲积层、第三系新余群泥质粉砂岩组成。根据岩性及工程地质特征，场地地层自上而下划分为素填土、粉质黏土层、细砂层、中砂层、粗砂层、砾砂层、圆砾层、强风化泥质粉砂岩层、中风化泥质粉砂岩层。

　　丁～人区间盾构隧道上行线穿越地层主要为粗砂层、砾砂层，局部穿越上软下硬地层（上部为粗砂层、强风化泥质粉砂岩，下部为中风化泥质粉砂岩），丁～人区间盾构隧道下行线穿越地层主要为粗砂层、砾砂层，局部穿越上软下硬地层（上部为粗砂层、强风化泥质粉砂岩，下部为中风化泥质粉砂岩）。下穿段在钻探深度揭露范围内的地层由人工填土、第四系更新统冲积层、第三系新余群泥质粉砂岩组成。根据岩性及工程地质特征，场地地层自上而下划分为素填土、粉质黏土层、细砂层、中砂层、粗砂层、砾砂层、圆砾层、强风化泥质粉砂岩层、中风化泥质粉砂岩层。

　　场地地下水类型分为第四系松散层和强风化带中的孔隙潜水、强～中风化基岩裂隙水，局部分布赋存于人工填土、黏性土中的上层滞水。场地所有钻孔均遇见地下水。勘察时测得各钻孔中潜水位初见水位埋深3.20～9.80m，相当标高为11.08～20.55m；潜水稳定水位埋深2.80～9.60m，相当标高为11.05～19.87m。地下水位的变化与地下水的赋存、补给及排泄关系密切，每年2月起随降水量增加，水位开始逐渐上升，到6月至9月处于高水位时期，9月以后随着降水量的减少，水位缓慢下降，到12月至次年2月处于低水位期。根据南昌地区水文地质资料，场地地下水稳定水位年变化幅度可按1.00～3.00m考虑。

1.2 工程重难点

1）盾构机穿越上软下硬地层时地表建筑物加固是重点

根据设计图纸及地质勘查资料，盾构区间下穿老旧房屋和上软下硬地层时，盾构机容易上浮，螺旋机容易发生喷涌现象。为了提高过风险源建筑物安全系数，保证掘进过程中地表建筑不发生起拱和沉降，盾构施工前需对区间不良地层处进行地基加固。

2）丁~丁区间穿越运营2号线区间时洞内外加固是难点

本区间线路出丁公路南站后，穿过地铁2号线及洛阳路，沿着丁公路北上。本区间隧道与2号线区间隧道垂直净距4.06m，后期施工时，4号线下穿2号线区段的曲线半径为400m，盾构推进时盾构姿态的改变对周围的影响很大。

3）丁~人区间穿越运营1号线车站是本区间难点

丁~人区间下穿运营1号线车站（丁公路北站）后完成接收，丁~人区间下穿1号线范围内地质上部为砾砂层（1.329~1.952m），下部为中风化泥质粉砂岩，与丁公路北站（运营1号线车站）底板底部距离为3.5~3.9m，最小距离为2.48m（距下翻梁底），区间隧道穿越丁公路北站地连墙。该部位是典型的"上软下硬"地层，土岩结合面处地下水丰富，地层注浆质量难以达到理想效果。盾构掘进时，地下水流失及超挖现象难以控制，可能引起运营1号线丁公路北站结构出现渗漏水或结构开裂等风险，安全风险极大。

4）盾构机的始发和到达是重点

丁公路南站~丁公路北区间盾构从丁公路南站大里程始发，向丁公路北站掘进，于丁公路北站小里程端盾构井吊出。丁公路北站~人民公园站区间盾构从人民公园站小里程始发，向丁公路北站掘进，于丁公路北站大里程端盾构井吊出。丁~丁~人区间始发和接收位置均处于富水地层，始发和接收过程中有可能出现部分加固体失稳坍塌，盾构机外围易出现涌水涌泥现象，容易造成地层损失，导致隧道线路位移或地面的沉降过大，致使地面不同程度的破坏，盾构到达土体易塌陷，盾构机外侧可能出现喷涌突发事件。

5）在"上软下硬"地层中掘进是重点

本工程部分区间掘进存在复合地层（上软下硬地层），区间掘进复合地层主要为上部粗砂、砾砂层，下部中风化泥质粉砂岩层。根据1、2号线掘进及进仓施工经验，该地层砂层与岩层分界明显，盾构掘进过程中易产生刀具磨损严重、盾构机姿态"上飘"、刀盘结"泥饼"等现象。

6）绿色环保、节能减排是重点

工程位于闹市区域，对文明施工要求高，本区间在施工期间严格将噪音、废水、废气、废物排放量控制在国家规定范围内，对社会影响降到最低，做好环境保护及节能减排是本工程的重点。

1.3　国内外研究现状

1.3.1　复合地层盾构掘进参数控制

盾构刀盘旋转掘削地层土体以开挖隧道。刀盘的正常掘进需要盾构提供刀盘转动所需的扭矩和刀盘前进所需的推力。地层特点对于盾构掘进过程中的掘进参数有着重大影响。通常单一地层中的盾构施工推力和扭矩较容易控制。盾构施工过程中不可避免地会遇到复合地层。复合地层给盾构掘进参数的控制带来了极大挑战。为保证盾构在复合地层中的正常掘进，研究复合地层土压平衡盾构刀盘掘进参数具有重要意义。

不少研究学者对盾构掘进过程中的推力和扭矩进行了研究。张厚美等[1]采用正交实验设计分析了土舱压力、推力、刀盘转速等参数对掘进速度、刀盘扭矩的影响；何川等[2]利用现场试验数据对比分析了双模盾构与泥水盾构在不同地质段的掘进参数和能源消耗情况；吕强等[3]分析了面板式和辐条式两种不同形式刀盘的掘进参数，推导了扭矩计算公式；González 等[4]基于大量的现场盾构推进数据，提出了一种土压平衡盾构在复合地层推进时推力和扭矩计算方法；陈仁朋等[5]系统研究了土压平衡盾构推力和扭矩的影响因素，建立了推力和扭矩计算修正公式；程军[6]建立了刀盘切削土体数值模型，分析了刀盘应力和变形随掘进速度的变化规律；胡国良等[7]建立了综合考虑盾构直径、盾壳长度、土层特点的刀盘扭矩理论模型；朱述敏[8]对复合土压平衡盾构的刀盘切削机理进行了研究，推导了刀盘推力和扭矩的计算公式；李向红等[9]开展直径 1.8m 的土压平衡模型盾构试验研究了刀盘开率对盾构总推力和刀盘扭矩的影响规律。

1.3.2　土压平衡盾构渣土改良

土压平衡盾构施工中刀具切削后的渣土流入土仓，通过螺旋输送机排出。为了确保盾构顺利掘进，需要对切削下来的渣土进行改良，使其具有良好的物理力学特性。

渣土改良能够显著改变渣土的力学参数，而渣土力学参数的变化将进一步影响盾构掘进参数和地层响应。在复杂地质条件下采用泡沫、膨润土等改良渣土，能够对掘进参数产生明显的影响。Leinala 等[10]研究了泡沫对盾构机掘进速度和刀具磨损的影响。Boone 等[11]进一步研究表明提高泡沫注入比可有效提高盾构机掘进速度。许恺等[12]采用肥皂水和泡沫剂分别开展现场试验，研究表明泡沫剂的改良效果较佳，适量浓度的泡沫剂能大幅度提高掘进速度，降低刀盘扭矩，减少刀具磨损。莫振泽等[13]针对富水粉砂地层盾构刀盘扭矩过大的难题，提出采用浓泥改良渣土。当渣土改良达到理想状态时，可有效减小盾构推力、刀盘及螺旋输送机扭矩，减弱刀具的磨损，增加盾构掘进速度，并且能够减小掘进参数的波动幅度[14−15]。然而，实际上渣土改良对盾构掘进参数影响方面的研究，大多依托于具体工程项目，所制订的渣土改良方案很大程度上仅适用于该种特定地层，研究成果的适用范围有限。

1.3.3 盾构近接施工对既有结构的影响

盾构施工穿越运营轨道交通车站和区间的过程中，会与既有结构产生相互作用和相互影响。新建隧道施工使地层产生应力重分布，引发的地层变形传递至既有结构，对既有结构造成影响。同样地，既有结构在运营过程中产生的荷载也会通过土层传递至新建隧道，对隧道施工产生影响。

对于既有结构的风险评估和安全标准，仇文革[16]从广义角度定义了地下工程近接施工，给出了解决问题的普遍方法；王岩等[17]运用模糊综合评判法对整个安全体系进行多层次的综合评估；贾永刚[18]结合实测变形数据，裂缝及强度控制标准，采用荷载－结构模型对地下车站进行安全评估；李讯等[19]建立了二级模糊综合安全评估模型；陶连金[20]提出了包含风险识别、风险评估和风险控制三方面内容的既有结构安全评估方法；赵衍发[21]分析了既有结构安全风险影响因素，提出安全风险评价指标体系；潘栋[22]建立了基于地铁结构变形安全的层次－模糊数学综合评估模型。

在既有结构的沉降和变形控制方面，方勇等[23]提出新建隧道在正交下穿施工时将会引起既有隧道产生不均匀的沉降、侧移和扭转；邢烨炜[24]分析了新建盾构隧道施工引起的既有路基和轨道结构变形；黄朱林[25]研究了暗挖施工中隧道洞室变形、初支衬砌结构内力变化和下穿位置处土体应力特征；莫崇杰[26]分析了新建地铁盾构隧道穿越既有矿山法隧道对其产生的影响；白海卫[27]提出既有隧道周围土体加固措施能够更好地控制既有结构的变形；张建安等[28]发现盾构开挖卸除的大量土方造成土体出现的隆起值比地层损失产生的地表沉降大得多；汪国锋等[29]模拟了盾构隧道下穿既有车站的影响，在研究中充分考虑了开挖工序、应力释放率和夹土层的注浆加固等因素。

1.3.4 克泥效新技术的应用

克泥效工法最早起源并运用于日本盾构隧道工程，其本质为在中盾位置环向布置的注浆孔往盾壳外侧环向间隙进行中盾注浆（克泥效浆液）工作，以此对环向间隙进行及时有效填充，达到抑制地层位移的目的。此外，克泥效工法还在盾构机始发、停机保压、姿态控制、开仓换刀等方面的应用中具有良好的作用和效果。

目前对克泥效工法的研究主要归纳为以下两个方向：一是克泥效工法在盾构近距离下穿工程中对地层沉降的控制效果；二是克泥效浆液配比对浆液性能、注浆工艺的影响。前者主要偏向于工程实际运用层面，而后者主要偏向于对材料性能的研究。浆液的流变性能对浆液在土层中的扩散有着重要影响，是研究浆液扩散模型的前提条件。浆液的流变性能与其组成成分、外掺剂含量、温度等众多因素有关。目前对于克泥效浆液的流变性能、组成成分等材料基础性能的研究相对较少。同时在克泥效浆液的流变模型方面，现有研究大多直接套用水泥基双浆液材料的宾汉姆流变模型来表征其流变性能，对克泥效浆液的流变模型匹配度、流变性能影响因素的研究还不够深入。浆液流变性能中的表观黏度和屈服应力主要影响浆液注入的难易程度、浆液在环向间隙的填充扩散效果以及在土体内部的渗透扩散效果。浆液的屈服应力直接影响其抗剪切能力，当屈服应力较小时，克泥效工法对沉降的控制效果削弱。

1.3.5 盾构下穿既有结构风险评估

随着我国基础设施建设规模的增加，城市地铁区间越来越多地面临着新建盾构隧道与既有车站、隧道、管线及地表建筑间出现交叉穿越施工的情况。盾构穿越工程往往涉及复杂的交叉结构－土体相互作用，盾构施工的重复扰动极易导致既有车站、隧道等结构出现变形过大的问题，影响其正常使用。国内外相关学者对此也进行了相应的研究。

在盾构隧道下穿车站方面，张文龙[30]依托京张高铁清华园盾构隧道工程，制定了盾构隧道下穿工程控制标准，预测了地层和地铁结构的变形规律；Peck[31]分析了大量地面沉降资料，建立了地面沉降的经验预测公式；Litwinszyn[32]提出随机介质理论，分析了隧道开挖对上方地层变形的影响；Verruijt 等[33]基于土体的弹性半空间理论和地层损失理论，提出了盾构推进时地表沉降的解析解；Jin 等[34]分析新建盾构隧道对既有隧道变形特征并提出了估算既有隧道沉降的经验公式；崔光耀等[35]以某矩形顶管盾构涉铁工程为背景，考虑不同的加固方案，研究了软弱地层中超大矩形顶管盾构近接高铁施工的安全性；龚航[36]以成都地铁某区间下穿工程为依托，通过理论分析和数值模拟预判盾构下穿过程中存在的风险程度。

盾构隧道下穿既有隧道时，刘勇等[37]依托石家庄某地铁下穿工程，采用模型试验的方式分析了既有隧道和地层土体的沉降变形规律；王秋实等[38]依托复合地层某盾构穿越工程，总结了盾构穿越诱发的地表沉降、既有隧道收敛和桩基的变形规律；彭华等[39]以北京地铁某区间下穿工程为背景，通过分析计算与数值模拟，验证了控制措施的可行性；卢岱岳等[40]基于理论分析，得到既有隧道因盾构施工产生的附加位移，为快速评估盾构近接施工对既有盾构隧道结构安全的影响提供了新途径；Li 等[41]研究了双线盾构下穿及降雨入渗等因素对既有双层盾构隧道性能和允许变形的影响；Liang 等[42]通过引入修正地基模量的 Pasternak 模型，提出了一种简化的盾构隧道邻近开挖行为预测分析方法；Liu 等[43]利用 Timoshenko 梁模拟盾构隧道，并引入 Vlazov 模型来模拟隧道与土体的相互作用，结果表明土体模量、隧道埋深等因素对下伏盾构隧道影响较大。

第2章　富水复合地层盾构选型

盾构法凭借其施工的便捷性及安全性已经成为我国城市地铁建设的主流方法。不同的地质条件所适用的盾构机不同。错误的选型不仅会降低盾构掘进性能，使工期延长，还可能引发严重的工程事故。盾构机性能与地质条件和工程施工特点的适应性是盾构隧道施工的关键，基于特定的工程项目选择适宜的盾构类型，才能发挥盾构法的优越性。本章内容主要介绍富水复合地层盾构机类型选择、机型选择、刀盘刀具选型和配置及螺旋出土器类型选择等内容。

2.1　盾构机类型选择

2.1.1　盾构选型原则

盾构选型的原则是安全性、技术性、经济性相结合，其首要原则是安全性第一，即以确保开挖面稳定为中心。为此，应注意地质条件及地下水条件，同时应充分明确场地条件、竖井周边的环境条件、施工线路上的地上及地下建（构）筑物条件、特殊场地条件、沉降控制等所要求的功能，在此基础上，还必须连同技术性和经济性等一并考虑，才能选择出合适的盾构。盾构选型时主要遵循下列原则：

（1）应对工程地质、水文地质有较强的适应性，首先要满足施工安全的要求。

（2）安全可靠性、技术先进性、经济合理性相统一，在安全可靠的情况下，考虑技术先进性和经济合理性，确保盾构施工的作业效率。

（3）满足隧道外径、长度、埋深、施工场地、周围环境等条件。

（4）满足安全、质量、工期、造价及环保要求。

（5）后配套设备的能力与主机配套，满足生产能力与主机掘进速度相匹配，同时具有施工安全、结构简单、布置合理和易于维护保养的特点。

（6）盾构制造商的知名度、业绩、信誉和技术服务。

2.1.2　盾构选型依据

盾构选型时的主要依据如下：

（1）工程地质、水文地质条件。包括地貌，地层岩性，地质构造，岩层中特殊地质（如球状风化体、溶洞、含有害气体、放射性岩体等）分布，颗粒分析及粒度分布，单轴抗压强度，含水率，砾石直径，液限及塑限，标准贯入试验锤击数 N 值，黏聚力 c，

内摩擦角 ϕ，土粒密度，孔隙率及孔隙比，地层反力系数，压密特性，弹性波速度，孔隙水压，渗透系数，地下水位（最高值、最低值、平均值），地下水的流速、流向，河床变迁情况，沿线水域的分布等。

（2）隧道长度、隧道平纵断面及横断面形状、尺寸等设计参数。

（3）周围环境条件。包括地上及地下建构筑物分布，地下管线埋深及分布，沿线河流、湖泊、海洋的分布，沿线交通情况，施工场地条件，气候条件，水电供应情况，隧道近接施工条件等。

（4）隧道施工工程筹划及节点工期要求。

（5）宜用的辅助工法。

（6）技术经济比较。

2.1.3　盾构选型主要步骤

（1）在对工程地质、水文地质条件、周围环境、工期要求、经济性等充分研究的基础上选定盾构的类型。根据围岩的自稳性对敞开式、密闭式盾构进行比选，根据地质条件对软土盾构、复合盾构进行比选。

（2）在确定选用密闭式盾构后，根据地层的粒径、渗透系数、地下水压以及环保、辅助施工方法、施工环境、安全等因素对土压平衡盾构和泥水平衡盾构进行比选。

（3）在土压平衡盾构和泥水平衡盾构都不能满足开挖面稳定的要求时，则应考虑选择多模式盾构。

（4）根据详细的地质勘探资料，对盾构各主要功能部件进行选择、计算和设计，并根据地质条件等确定盾构的主要技术参数。盾构的主要技术参数在选型时应进行详细计算，主要包括刀盘直径，刀盘开口率，刀盘转速，刀盘扭矩，刀盘驱动功率，推力，掘进速度，螺旋输送机功率、直径、长度，送排泥管直径，送排泥泵功率、扬程等。

（5）根据地质条件选择与盾构掘进速度相匹配的盾构后配套施工设备。

2.1.4　盾构选型主要方法

1）根据地层颗粒级配选型

土压平衡盾构在不进行渣土改良及泥水平衡盾构在不使用添加剂时，盾构类型与地层粒径的关系见图 2-1。图中，左边区域为黏土、淤泥质土及细砂区，为土压平衡盾构最适用的颗粒级配范围；右边区域为粗砂及砂砾区，为泥水平衡盾构最适宜的颗粒级配范围。

在依据地层粒径进行盾构选型时，应结合工程的具体情况，虽然土压平衡盾构和泥水平衡盾构适应的地层粒径不同，在不进行渣土改良的情况下，土压平衡盾构适用于地层粒径范围为 1.5mm 以下的黏土、淤泥、砂质地层；在不使用添加剂时，泥水平衡盾构适宜的地层粒径范围为 0.01～80mm 的淤泥、砂、砾石、卵石等多种地层。但若土压平衡盾构进行渣土改良或泥水平衡盾构使用适当的添加剂时，则土压平衡和泥水平衡盾构适应的范围是一样的。

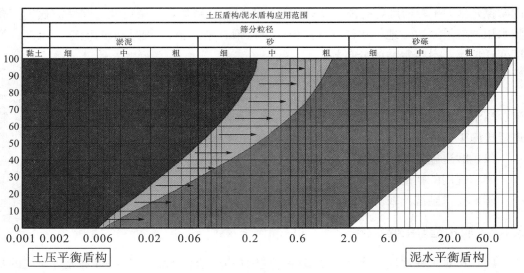

图 2-1   盾构类型与地层粒径关系曲线

2）依据渗透系数选型

当地层渗透系数小于 10^{-7} m/s 时，宜采用土压平衡盾构；当地层渗透系数大于 10^{-4} m/s 时，宜采用泥水平衡盾构；当渗透系数在 $10^{-7}\sim10^{-4}$ m/s 之间时，既可采用泥水平衡盾构，也可采用土压平衡盾构。地层渗透系数指导盾构选型的经验方法见图 2-2。

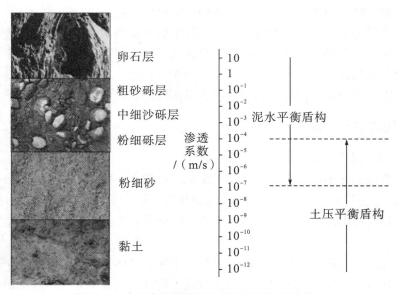

图 2-2   地层渗透系数指导盾构选型的经验方法

3）依据地下水压选型

根据地下水压进行选型时，一般地当地下水压小于 0.3MPa 时，宜采用土压平衡盾构；当地下水压大于 0.3MPa 时，宜采用泥水平衡盾构。在依据地下水压进行盾构选型时，应考虑具体的工程地质情况。一是当水压大于 0.3MPa 时，如因地质原因需采用土压平衡盾构，则需增大螺旋输送机的长度，或采用二级螺旋输送机；二是当渣土改良效果不能满足土塞效应时，在地下水丰富时，即使地下水压小于 0.3MPa，也不宜采用土压平衡盾构。

2.1.5　富水复合地层盾构选型

采用盾构法进行地铁隧道的开挖主要有施工快速、安全和地层扰动小等优点，现有较为常用的盾构机类型有土压平衡盾构机和泥水平衡盾构机。两种盾构机结构示意见图 2-3。

（a）土压平衡盾构机

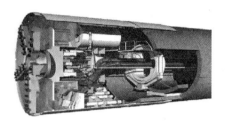

（b）泥水平衡盾构机

图 2-3　密闭式盾构机

根据两种盾构机各自的工作特点，土压平衡盾构机与泥水平衡盾构机对开挖地层的渗透性有着不同的要求。土压平衡盾构机适应在渗透性相对较小的地层中施工，而泥水平衡盾构机则适应在渗透性相对较大的地层中施工，具体适用范围见图 2-4。其中，A类地层表示 25％粗砂、25％强风化泥质粉砂岩、50％中风化泥质粉砂岩，B 类地层表示 25％中风化钙质泥岩、75％中风化泥质粉砂岩，C 类地层表示 100％中风化泥质粉砂岩，D 类地层表示 30％粗砂、70％中风化泥质粉砂岩。

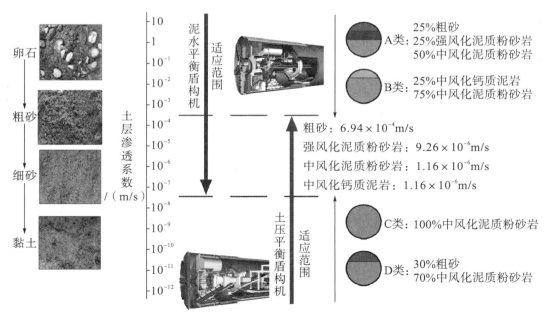

图 2-4　盾构机土层渗透适应性对比图

泥水平衡盾构机所适应地层的渗透系数范围为$>10^{-8}$m/s，土压平衡盾构机所适应地层的渗透系数范围为$<10^{-3}$m/s。根据地勘资料及相关土工试验，该区间盾构机所穿越的四类复合地层所包含土层的渗透系数分别为：粗砂6.94×10^{-4}m/s，强风化泥质粉砂岩9.26×10^{-6}m/s，中风化泥质粉砂岩1.16×10^{-6}m/s，中风化钙质泥岩1.16×10^{-6}m/s。4种土层的渗透系数处于泥水平衡盾构机及土压平衡盾构机均适用的范围内，因此两种盾构机在该区间地层中均有一定的适应能力。

为进一步确定最优的盾构机类型，依据隧道施工区域工程地质及水文地质条件，从施工技术难点、施工工期、施工环保性和施工临时用地4个方面对泥水平衡盾构机、土压平衡盾构机进行比选。

1) 施工技术难点

采用土压平衡盾构机及泥水平衡盾构机在该区域四类复合地层中掘进施工的技术难点分布见表2-1。泥水平衡盾构机在A、B、C、D四类复合地层中均存在技术难点，但土压平衡盾构机仅在地层占比较少的A类和D类复合地层存在技术难点。同时，土压平衡盾构机在A和D类复合地层中所面对的技术难点均可采用一定措施进行攻克或改善。因此，从技术难点的角度来看，选用土压平衡盾构机进行施工更为合理。

表2-1 技术难点分布表

盾构机	A类复合地层	B类复合地层	C类复合地层	D类复合地层
泥水平衡盾构机	①上软下硬地层，盾构机姿态不易控制；②强透水复合地层带压换刀风险性大；③盾构机刀盘易结泥饼，导致掘进困难	渣土强度较高，气垫仓容易积碴，并造成破碎机油管损坏和环流系统不畅	渣土强度较高，气垫仓容易积碴，并造成破碎机油管损坏和环流系统不畅	①上软下硬地层，盾构机姿态不易控制；②强透水复合地层带压换刀风险性大；③盾构机刀盘易结泥饼，导致掘进困难
土压平衡盾构机	①开挖面上部为砂层，渗透性较强，易发生喷涌；②上软下硬地层，盾构机姿态不易控制；③盾构机刀盘易结泥饼，导致掘进困难	—	—	①开挖面上部为砂层，渗透性较强，易发生喷涌；②上软下硬地层，盾构机姿态不易控制；③盾构机刀盘易结泥饼，导致掘进困难

2) 施工工期

施工工期主要考虑的施工场地布置时间和施工开挖时间两个部分。依据以往工程施工经验，对施工进行工期预测，采用泥水平衡盾构机和土压平衡盾构机分别进行施工，其工期见表2-2。采用土压平衡盾构机进行施工较采用泥水平衡盾构机进行施工可节约50d的施工时间。因此，从施工工期的角度，选用土压平衡盾构机在该区间进行施工更为合理。

表 2-2　施工工期表

施工盾构机	场地布置时间	施工开挖时间	总时间
土压平衡盾构机	90d	130d	220d
泥水平衡盾构机	180d	90d	270d

3）施工环保性

采用盾构法进行施工时，对周遭环境的影响主要来源于其附属设施作业时所产生的噪音。泥水平衡盾构机和土压平衡盾构机施工过程中，产生的环境噪音情况见表 2-3。采用土压平衡盾构机施工所产生的环境噪音远小于噪音控制值，而采用泥水平衡盾构机施工所产生的环境噪音大于噪音控制值。因此，从施工环保性的角度，选用土压平衡盾构机在该区间进行施工更为合理。

表 2-3　噪音情况表

盾构机	噪音源	噪音大小/dB	控制值/dB
土压平衡盾构机	龙门吊走行、吊装	35	白天 60/夜间 50
泥水平衡盾构机	泥浆分离系统、离心系统、泥浆搅拌系统等高功率机械	65	

4）施工临时用地

根据土压平衡盾构机以及泥水平衡盾构机施工工艺要求，施工过程中所需的临时用地见表 2-4。对工程场地进行现场调研后，考虑到项目地处城市中心居民区，且洛阳路及北京西路均为重要交通干道，交通压力极大。根据道路红线要求，在不阻断交通的情况下，最大征地面积为 5500m²。因此，从施工临时用地的角度来看，选用土压平衡盾构机在该区间进行施工更为合理。

表 2-4　施工临时用地表

盾构机	所需场地面积/m²	最大征地面积/m²
土压平衡盾构机	5000	5500
泥水平衡盾构机	6500	

综合以上情况，从施工技术难点、施工工期、施工环保性和施工临时用地 4 个方面来看，采用土压平衡盾构机进行施工较泥水平衡盾构机均较为合理，故此区间施工宜选用土压平衡盾构机。

2.2　盾构机机型选择

此次盾构施工拟采用中铁山河所生产的中铁 98 号土压平衡盾构机。该盾构机的主要参数见表 2-5。

表 2-5 盾构机主要参数表

设备	主要参数	类型/数值	单位
整机	型号	CTE6250	—
	开挖直径	6280	mm
	刀盘转速	0~3	rpm
	最大推进速度	≈80	mm/min
	最大推力	3700	t
	整机总长	约80	m
	主机总长（含刀盘）	9130	mm
	总重（主机+后配套）	≈500	t
	适用管片规格（外径/内径~宽度/分度）	φ6000/5400~1200/1500/36°	mm
	最大设计压力	5	bar
	装机功率	1800	kW
	水平转弯半径	250	m
	纵向爬坡能力	±50	‰
刀盘	刀盘规格（直径）	6280	mm
	旋转方向	正反	—
	刀盘开口率	35	%
	结构总重	约60	t
	主要结构件材质	Q345B	—
	泡沫口数量	3	个
	膨润土口数量	2	个
	主动搅拌臂数量	4	个
主驱动	驱动形式	电驱	—
	驱动组数量	6	组
	驱动总功率	1200	kW
	转速范围	0~3	rpm
	额定扭矩	5500	kN·m
	脱困扭矩	6900	kN·m
皮带机	倾斜段角度	12	°
	驱动功率	37	kW
	带速	0~3	m/s
	输送能力	450	m³/h
	带宽	800	mm
	带长	约114	m

设备	主要参数		类型/数值	单位
刀具	滚刀	中心双联滚刀	6	把
		中心双联滚刀高度	175	mm
		单刃滚刀数量	29	把
		单刃滚刀高度	175	mm
	切刀	切刀数量	40	把
		切刀径向伸出量	135	mm
	边刮刀	边刮刀数量	12	把
		边刮刀高度	135	mm

以上参数虽能较好地适应该项目的施工条件，但考虑到土压平衡盾构机开挖施工技术难点，需对该盾构机的刀盘和皮带机进行改造，同时新增加聚合物注入系统、同步注浆罐称重系统和皮带机称重系统。设备具体改造方案见表 2－6。

表 2－6　盾构机改造方案表

改造项目	改造方案	解决问题
刀盘改造	①新增 1 把超挖刀； ②刀盘周边增加周边合金耐磨块，确保刀盘直径，增加保径刀； ③增加刀盘刀具磨损检测系统； ④增加刀盘中心冲刷系统	①确保开挖直径、刀具互换性； ②防止盾构姿态不可控； ③防止刀盘中心结泥饼
皮带机改造	皮带机倾角由 12°改为 9°～12°可调	确保出渣流畅性
新增聚合物注入系统	①在土仓隔板增加聚合物注入接口； ②新增聚合物储存罐和高压泵	在防喷涌方面做好应急预案
新增同步注浆罐称重系统	①新制 4 个下部可拆卸支撑，并使用 4 个称重模块； ②提供本地显示屏，可实现本地与上位机实时重量检测	确保注浆量的准确性
新增皮带机称重系统	新制皮带称重模块，实时显示出渣重量	确保出渣量可控

2.3　盾构刀盘刀具选型和配置

2.3.1　刀具工作原理

1）滚刀

岩石在滚刀正应力作用下破坏的同时，刀刃沿部分的岩石在应变方向产生龟裂，刀盘进一步顶压，使得滚刀更加深入岩层，并在岩石表面部分产生张力，导致龟裂向更深远处进一步地增加，使相邻刀具作用轨迹之间的岩石剥落，从而实现掘进机的开挖掘进。

2）切刀

切刀的切削原理则主要是在盾构掘进施工过程中，在推进力的作用下，刀具随刀盘旋转对开挖面土体产生轴向（沿隧道前进方向）剪切力和径向（刀盘旋转切线方向）切削力，不断地将开挖面前方土体切削下来。

3）齿刀

在岩石较软的情况下掘进时，如果盘形滚刀与岩石掌子面之间不能产生一定的附着力，使滚刀产生滚动，滚刀将会产生弦磨。滚刀不能滚动，将失去有效的破岩功能，此时在较软的岩层中可以采用齿刀进行破岩，齿刀安装方式同滚刀。由于齿刀上装有两个切削刃，因此刀盘正反转时齿刀都能进行破岩。

2.3.2 刀具类型、选型及配置

刀具布置方式及刀具种类是否适合应用工程的地质条件，直接影响着盾构机的切削效果、出土状况和掘进速度。刀具的选择包括刀具种类的选择和数量的配置，设计刀具应考虑以下因素：①刀具在砂石地层中的切削效率，即如何降低切削阻力，保证土体切削的流畅性。通过刀具的配置，减少刀具磨损量，提高刀具的使用寿命。②在软土地层中掘进，保证渣土的流动性，保持开挖面的稳定性。③能适应城市施工的需要，尽可能地减少施工过程中对周边土体及环境的干扰，如振动、噪音等。④从材料和设计方面，保证盾构机刀具长距离掘进的可靠性。⑤为了实现曲线掘进、调整，纠偏刀盘上一般都会配有仿形刀。

盾构机刀具配置分析主要包括以下几方面：①刀具对岩土体的适应性；②刀具布置的高度差；③刀间距的布置；④刀座安装方式；⑤刀具布置方式；⑥仿行刀的配置。对于某一区间隧道，应该对刀盘刀具布置进行综合分析。

2.3.3 刀盘类型、选型及配置

刀盘类型见图 2-5，其正面形状主要有辐条式、面板式、辐板式 3 种形式。其中，辐条式刀盘结构简单，主要由轮缘、辐条及布设在辐条上的刀具构成，属敞开式；面板式刀盘的特点是面板直接支承开挖面，即挡土功能，故利于开挖面的稳定；辐板式刀盘介于面板式和辐条式之间，兼有面板式和辐条式刀盘的特点，由较宽的辐条和小块幅板组成，切刀和滚刀分别布置在宽辐条的两侧和内部，开口率为 35%～50%。通过工程实践及理论分析，总结得到关于刀盘选型的经验规则见表 2-7。

（a）辐条式

（b）面板式

（c）辐板式

图 2-5　刀盘形式

表 2-7　刀盘选型规则

地层类型	地质特点	刀盘形式
高水压力高透水性地层	泥水加压式盾构	面板式或辐板式刀盘
洪积层压砂、砂砾、固结粉砂及黏土	掘削面自稳性好的地层	辐条式刀盘
冲积层中的砂层、粉砂层及黏土层	掘削面自稳性差的地层	辐板式刀盘
软黏土层和粉砂层	流塑性高、无自立性	辐板式刀盘
砂质地质条件	渗水系数大、粉细砂层易液化、黏性砂层流动性好	根据自立稳定性好差选择辐条式或辐板式刀盘
砂卵石地层	根据自立稳定性好差	辐条式或辐板式刀盘

　　根据南昌地铁 4 号线丁～丁区间的水文地质情况以及辐条式、面板式刀盘的优缺点，综合兼顾南昌地区水文地质情况（砂砾、泥岩复合地层），岩层硬度相对较低，选用辐板式刀盘土压平衡盾构可满足本工程的盾构施工要求，其开口率一般介于 35%～45%。

2.3.4　刀具在刀盘上的布置

　　在南昌老城区及类似地层条件下，在满足刀盘强度、刚度的条件下，可适当增大刀盘中心部位的开口率，进一步减小刀盘中心部位结泥饼的概率，以提高施工效率。在刀具配置上，在可能的条件下要加强周边刀具的配置，尤其是周边保护刀具的配置（合理增加的周边刮刀的保护刀具）加强，可有效提高周边刀具的掘进里程，降低带压开仓换刀的风险，有较好的经济效益和社会效益。在不同地质的条件下的刀具配置，既要兼顾硬度较高的地层，又要兼顾软弱地层，尤其是周边刀具的配置，应综合考虑已达到较好的施工效果。

2.4 螺旋出土器类型选择

螺旋输送机是土压平衡式盾构机的重要组成部分。它主要用来从盾构密封舱内将刀盘切削下来的泥土排出盾体，同时保持密封舱内的土压力。常见的螺旋出土器种类见图2-6。

（a）带式（无轴式）螺旋输送机　　　　　　　（b）轴式螺旋输送机

图2-6　输送机种类

现代盾构施工控制地表沉降的最基本方法是土压平衡技术。该技术根据工作面实际压力的变化及时调整排土量，以调整和保证工作面有合适的支撑压力。目前通常用的方法是通过预先设定土仓内压力值，在施工中根据地表沉降情况再进行调整来稳定地层。这是一种"滞后式"的土压纠正。由于开挖面上土层的原始应力非常复杂，这种预先设定与滞后调整的结果会使地面产生较大隆起或塌陷，使地层的稳定和地表沉降控制的效果在很大程度上取决于施工人员的经验，故施工质量难以保证。因此，如何根据工作面土压或地表变形实时调整螺旋输送机，是关系到土压平衡式盾构可靠掘进的关键技术问题，也是一个技术难点问题。

2.4.1 盾构穿越富水砂层的风险分析

掘进过程中容易形成喷涌，导致地面塌方或建（构）筑物开裂损坏。由于富水砂层含水量丰富，渗透性好，且受扰动后易液化，因此土压平衡盾构在富水砂层中掘进很容易出现喷涌现象，一方面需用大量时间进行盾尾清理，严重影响盾构施工进度；另一方面大量泥砂喷出或砂遇水液化均易引起地层沉降，从而最终导致地面建（构）筑物沉降变形甚至损坏。

地面沉降难以控制，易造成地面塌方或建（构）筑物开裂损坏。一旦发生喷涌现象，则地面沉降必定很大，即使未发生喷涌，控制地面沉降仍很困难。其主要原因如下：①砂层自身自稳性差，而刀盘开挖直径比盾体外径一般至少大200mm，从刀盘开挖到注浆填充需要一段较长时间，其间不可避免地会产生砂层沉降。②掘进过程中不可避免地会造成砂层失水，对砂层产生扰动，从而导致砂层沉降。若沉降控制不好，极易造成地面塌方或建（构）筑物损坏。

2.4.2　盾构喷涌发生机理

土压平衡式盾构在富水砂层掘进过程中，由于开挖面存在高水头，导致盾构机内渣土存在压力水头，这是喷涌发生的前提条件；同时，在砂层中，由于没有足够多的黏土物质，开挖下来的渣土本身不具有止水性，即渗透性好，地下水与进入密封土舱内的固体物质不能糅合成一体，在密封场内形成"水是水""渣是渣"的状态，在螺旋输送机内无法形成土塞效应，导致高压力的水体穿越土仓和输送机形成集中渗流，并带动渣土颗粒一起运动。此时进入密封土舱中的水流量要大于渣土量，这样螺旋输送机变成具有一定压力的液流管道，而不是流塑或软塑状固体通道，一旦打开螺旋输送机闸门，就会有高压水夹带泥砂喷射出来，形成喷涌。

2.4.3　双螺旋输送机

双螺旋输送器，顾名思义就是在单级螺旋输送器的基础上再增加一级螺旋输送器，每级螺旋输送器具备独立的驱动系统，既可联动控制也可每级独立操作。目前，国内外土压平衡盾构机采用双螺旋输送器的连接形式主要有 3 种：对接、搭接、间断。

对接的连接形式见图 2-7（a）：第 1 级螺旋输送器采用中部环向驱动，第 2 级螺旋输送器采用端部轴向驱动。在 1 级与 2 级之间预留一定长度空间，以便能有效地形成土塞效应。采用对接形式的主要不利因素在于第 1 级螺旋输送器采用环向驱动后，大大地缩小了渣土通过的有效空间，不利于渣土的快速排出，在遇到较大粒径石块时，很容易导致螺旋输送器被卡死而不能有效工作。目前，该种连接形式在国内还没有使用的先例。

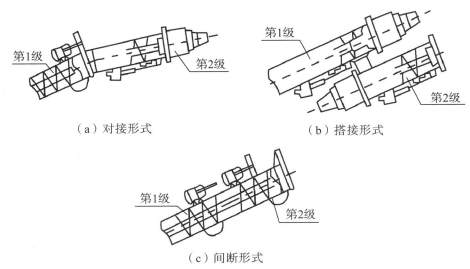

（a）对接形式　　　　　　　　（b）搭接形式

（c）间断形式

图 2-7　双螺旋输送机不同连接形式

搭接的连接形式见图 2-7（b）：第 1 级螺旋输送器采用顶部端头轴向驱动，第 2 级采用底部端头轴向驱动第 1 级与第 2 级之间采用球形连接，第 2 级可水平转动，并设有分隔闸门。目前，国内已在 4 台盾构机上配置使用。其中，在成都地铁的 2 台由于地下无承压水、无喷涌现象发生，已卸下第2级螺旋输送器并延长皮带输送带，改为单级螺旋输送器出土，在广州地铁的2台使用得非常成功。

间断的连接形式见图2-7（c）：两级螺旋处在同一轴线上，中间空档部位形成土塞效应，驱动形式类似于第1种对接连接形式。目前，在国内没有使用的先例。

2.4.4 双螺旋输送机控制喷涌机理

渣土进入螺旋输送机后，依靠自身重力及与螺杆、叶片与筒壁界面间的摩擦作用抵抗土仓内的水土压力，保持出渣过程中的稳定性。当地层渗透性较大、水头较高时，螺旋输送机内的渣土变稀或结构破坏从而导致失稳，可能发生喷涌事故。从螺旋输送机结构本身而言，可从减小螺旋片螺距或采用双螺旋输送机两个方面进行改造，从而增加保压效果。

减小螺旋输送机螺旋片螺距，增大螺旋输送槽的长度，以增加渣土在螺旋输送机内的输送长度，增加螺旋输送过程中的压降。但根据螺旋输送机结构设计要求，螺距与螺旋输送机与螺杆的直径相关，且直接关系出土效率，实际使用较少。

在双螺旋输送机结构中，两段螺旋输送机的螺距相同，并且均可单独控制。正常情况下，两段螺旋输送机的转速相同，在两段螺旋间不积聚渣土，可以正常出渣。当土仓压力过大或土偏稀可能发生喷涌时，可以对两段螺旋输送机的转速进行调节，使后端的螺旋输送机转速小于前端。由于前端螺旋输送机输出的渣土多于后端螺旋输送机，渣土很快在两段螺旋输送机间积聚形成土塞，从而有效防止喷涌。

2.4.5 双螺旋输送机的配置

为了降低水土突涌的风险，本工程选用了对复合地层有较强适应能力的双螺旋土压平衡盾构机，其排土装置配备了两段独立的螺旋输送机，可以利用两段螺旋之间的连接部来改变土体在输送机内的运动路径和方向，并可利用不同的螺旋转速来形成土塞效应，从而防止喷涌的发生。

盾构机配置双螺旋输送器由于受安装空间限制第1、2级螺旋输送器的直径最大只能达到700mm，不能像单级螺旋输送器一样直径可以达到900mm，所以双螺旋输送器通过渣块的最大粒径及输送能力均次于单级螺旋输送器。同时，由于第1级螺旋输送器驱动系统安装处于固定位置，所以不具有伸缩功能，在土仓中螺旋输送器的进土口不能安装闸门，在第1、2级之间连接处安装第1道闸门，在第2级螺旋输送器出土口安装第2道闸门，其底部装有泄水闸阀，通过管道排入盾构机内的污水池。每级螺旋出土器具备独立的驱动系统，既可联动控制，也可每级独立操作。根据掘进的需要，每级螺旋都可以单独工作，两级螺旋之间安装有可将两级螺旋隔离的仓门，采用球形连接，盾构机在转弯时螺旋机可随连接桥自由左右转动，充分考虑到转弯的方便性，第2级螺旋的倾斜角度也可以根据需要自由调整。双螺旋出土器结构见图2-8。

（a）　　　　　　　　　　（b）

图 2－8　双螺旋输送机

第 3 章　软硬复合地层盾构机掘进参数控制

盾构刀盘旋转掘削地层土体开挖隧道。刀盘的正常掘进需要盾构提供刀盘转动所需的扭矩和刀盘前进所需的推力。地层特点对于盾构掘进过程中的掘进参数有着重大影响。通常单一地层中的盾构掘进参数较容易控制。然而，盾构施工过程中不可避免地会遇到土－岩复合地层，这种复合地层给盾构掘进参数的控制带来了极大挑战。为保证盾构在复合地层中的正常掘进，需要分析复合地层土压平衡盾构刀盘掘进参数特征。本章内容主要包括复合地层盾构掘进参数统计，复合地层盾构刀盘受力特征，盾构全滚刀破岩颗粒流模拟方法，盾构掘进参数与滚刀受力相关性，以及盾构机掘进参数控制标准。

3.1　复合地层盾构掘进参数统计

新建 4 号线丁公路南站～丁公路北站区间隧道采用盾构法进行施工，盾构隧道管片外径为 6m、厚度为 300mm。区间隧道埋深范围为 19.44～25.73m，隧道结构主要位于地层的基岩中，部分区段穿越粗砂层。总的来说，该新建隧道所穿越的地层主要可分为 A、B、C 和 D 四类复合地层。该四类地层中隧道结构所通过的地层地质条件具体见表 3－1。新建区间隧道所处地区不仅地层条件复杂，而且该隧道开挖面所处地层仍不为单一地层，在部分区域开挖掌子面包含的地层为两层甚至三层，如图 3－1 所示。

表 3－1　地质条件分段表

分段	桩号	长度 /m	结构埋深 /m	地层岩性
A 类	CK25＋564～CK25＋630	66	21～21.5	25％粗砂、25％强风化泥质粉砂岩、50％中风化泥质粉砂岩
B 类	CK25＋700～CK25＋750	50	22.5～23.0	25％中风化钙质泥岩、75％中风化泥质粉砂岩
C 类	CK25＋630～CK25＋700 CK25＋750～CK26＋375	70 625	21.5～25.5	100％中风化泥质粉砂岩
D 类	CK26＋375～CK26＋511	136	19.5～21.5	30％粗砂、70％中风化泥质粉砂岩

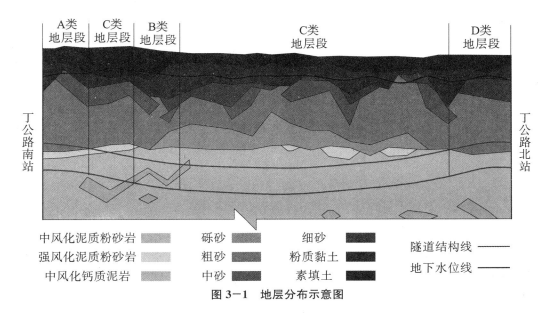

图 3-1　地层分布示意图

3.1.1　A 类复合地层盾构参数分析

南昌地铁 4 号线丁~丁区间隧道穿越的 A 类复合地层主要包含粗砂、强风化泥质粉砂岩和中风化泥质粉砂岩。

盾构机在 A 类地层中掘进时，盾构机推力变化范围为 18075~22975kN，平均值为 19827.5kN；扭矩变化范围为 2800~4800kN·m，平均值为 3610.6kN·m。盾构机在该地层中掘进时，其向前推进所需的推力及刀盘转动所需的扭矩均小于该盾构机所能提供的额定推力 39111.8kN 和额定扭矩 5500kN·m，盾构机在整个掘进过程中并未出现卡机风险。

盾构机掘进过程中刀盘转速极为稳定，始终保持为 1.2r/min；掘进速度的波动范围为 25~45mm/min，平均值为 37mm/min。盾构机在该地层中掘进参数稳定、掘进连续，掘进过程中并未出现地下水喷涌等开挖事故。

盾构机在 A 类地层中掘进时，盾构机实际出渣量与理论出渣量相差较小，波动范围为 54~57m³，实际出渣量与理论出渣量相比最大误差小于 4%（为 3.5%）。盾构机在该地层掘进过程中出渣量控制稳定，减少了地层的多余损失，进一步降低了盾构机掘进对地层的扰动。

3.1.2　B 类复合地层盾构参数分析

南昌地铁 4 号线丁~丁区间隧道穿越的 B 类复合地层主要包含中风化钙质泥岩和中风化泥质粉砂岩。

盾构机在 B 类地层中掘进时，盾构机推力变化范围为 12820~21740kN，平均值为 17669.2kN；扭矩变化范围为 2770~3570kN·m，平均值为 3256.2kN·m。盾构机在该地层中掘进时，其向前推进所需的推力及刀盘转动所需的扭矩均小于该盾构机所能提供的额定推力 39111.8kN 和额定扭矩 5500kN·m，盾构机在整个掘进过程中并未出现卡机风险。

盾构机掘进过程中刀盘转速极为稳定，始终保持为 1.5r/min；掘进速度的波动范围为 30～45mm/min，平均值为 30mm/min。盾构机在该地层中掘进参数稳定、掘进连续，掘进过程中并未出现地下水喷涌等开挖事故。

盾构机在 B 类地层中掘进时，盾构机实际出渣量与理论出渣量相差较小，波动范围为 $53～58m^3$，实际出渣量与理论出渣量相比最大误差小于 4‰（为 2.7‰）。盾构机在该地层掘进过程中出渣量控制稳定，减少了地层的多余损失，进一步降低了盾构机掘进对地层的扰动。

3.1.3 C 类复合地层盾构参数分析

南昌地铁 4 号线丁～丁区间隧道穿越的 C 类复合地层主要为中风化泥质粉砂岩。

盾构机在 C 类地层中掘进时，盾构机推力变化范围为 15680～23940kN，平均值为 18397.4kN；扭矩变化范围为 2828～4028kN·m，平均值为 3398.0kN·m。盾构机在该地层中掘进时，其向前推进所需的推力及刀盘转动所需的扭矩均小于该盾构机所能提供的额定推力 39111.8kN 和额定扭矩 5500kN·m，盾构机在整个掘进过程中并未出现卡机风险。

盾构机掘进过程中刀盘转速极为稳定，始终保持为 1.5r/min；掘进速度的波动范围为 30～47.5mm/min，平均值为 40mm/min。盾构机在该地层中刀盘转速稳定、掘进连续，掘进过程中并未出现地下水喷涌等开挖事故。

盾构机在 C 类地层中掘进时，盾构机实际出渣量与理论出渣量相差较小，波动范围为 $51～59m^3$，实际出渣量与理论出渣量相比最大误差小于 4‰（为 3.6‰）。盾构机在该地层掘进过程中出渣量控制稳定，减少了地层的多余损失，进一步降低了盾构机掘进对地层的扰动。

3.1.4 D 类复合地层盾构参数分析

南昌地铁 4 号线丁～丁区间隧道穿越的 D 类复合地层主要为粗砂、中风化泥质粉砂岩。

盾构机在 D 类地层中掘进时，盾构机推力变化范围为 16000～23800kN，平均值为 19985.9kN；扭矩变化范围为 3000～4300kN·m，平均值为 3631.8kN·m。盾构机在该地层中掘进时，向前推进所需的推力及刀盘转动所需的扭矩均小于该盾构机所能提供的额定推力 39111.8kN 和额定扭矩 5500kN·m，盾构机在整个掘进过程中并未出现卡机风险。

盾构机掘进过程中刀盘转速极为稳定，始终保持为 1.5r/min；掘进速度的波动范围为 35～45mm/min，平均值为 40mm/min。盾构机在该地层中掘进参数稳定、掘进连续，掘进过程中并未出现地下水喷涌等开挖事故。

盾构机在 D 类地层中掘进时，盾构机实际出渣量与理论出渣量相差较小，波动范围为 $55～59m^3$，实际出渣量与理论出渣量相比最大误差小于 2‰（为 1.5‰）。盾构机在该地层掘进过程中出渣量控制稳定，减少了地层的多余损失，进一步降低了盾构机掘进对地层的扰动。

3.2　复合地层盾构刀盘受力特征

3.2.1　全刀盘掘进模型

隧道主要穿越砾砂和中风化泥质粉砂岩两个地层，根据地质勘探结果及相关室内试验两种岩土体的宏观力学参数见表 3－2，刀盘力学参数见表 3－3。土体尺寸为直径 7m、厚度 1m 的圆柱体，各类刀盘与土的作用模型如图 3－2 所示。通过统计现场盾构机的掘进参数，取推进速度的平均值和刀盘转速的平均值施加在不同模型上。

表 3－2　岩土体宏观力学参数表

岩土体	重度 /(kN·m^{-3})	黏聚力 /kPa	内摩擦角 /°	变形模量 /MPa	泊松比	单轴抗压强度 /MPa	单轴抗拉强度 /MPa
砾砂	19.8	1	34	40	0.3	—	—
中风化泥质粉砂岩	23.9	350	32	200	0.27	8.6	0.4

表 3－3　刀盘力学参数表

弹性模量/GPa	密度/（g/cm^3）	泊松比	切线模量/MPa	剪切参数
210	7.85	0.3	1035	0.82

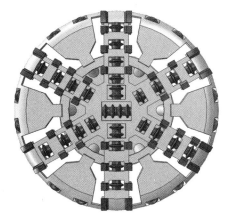

（a）刀盘模型正面

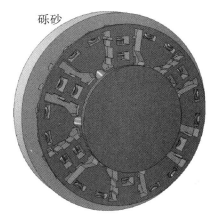

（b）Ⅰ类

图 3－2　不同掘进情况有限元模型

（c）Ⅱ类

（d）Ⅲ类

（e）Ⅳ类

（f）Ⅴ类

图 3-2（续）

3.2.2 计算结果分析

以Ⅰ类地层为例，提取刀盘在转动 6π、12π、18π、24π、30π、36π、42π、48π、54π 的 Mises 应力。统计刀盘转动不同角度的 Mises 应力发现：绝大部分区域的 Mises 应力值小于 150MPa，占比约为 99%；极少部分区域 Mise 应力值大于 150MPa，占比约为 1%；Mises 应力值较大的地方易出现在刮刀、滚刀区域。统计各类地层下刀盘 Mise 应力的最大值，如图 3-3 所示。从图中可以看出，随着刀盘推进深度增加，各类刀盘 Mises 应力最大值呈增加的趋势，增加幅度约为 55MPa，Mises 应力最大值均未超过刀盘屈服强度 235MPa。

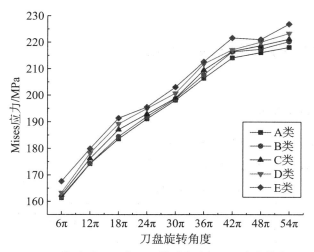

图 3-3　各类地层刀盘不同转动角度 Mises 应力最大值

根据 ABAQUS 计算结果，取各刀盘在开挖过程中所受的法向力及旋转扭矩求和后，得到盾构机滚刀破岩所需的推力及扭矩。

在 5 类地层中，全刀盘 ABAQUS 有限元计算结果如下：

Ⅰ类地层掘进时，推力前期平均值为 1867.4kN，波动范围为 202.4～2480.6kN。推力后期平均值为 3629.5kN，波动范围为 1908.6～7320.4kN。扭矩前期平均值为 546.6kN·m，波动范围为 150.2～1250.6kN·m。随着刀盘入土深度增加，扭矩不断增大，扭矩后期平均值为 1936.6kN·m，波动范围为 1200.6～2900.4kN·m。

Ⅱ类地层掘进时，推力前期平均值为 2037.9kN，波动范围为 263.4～5775.3kN。推力后期平均值为 3970.1kN，波动范围为 1801.2～8231.7kN。扭矩前期平均值为 515.1kN·m，波动范围为 213.2～1912.3kN·m。随着刀盘入土深度增加，扭矩不断增大，扭矩后期平均值为 1762.0kN·m，波动范围为 1000.1～2980.2kN·m。

Ⅲ类地层掘进时，推力前期平均值为 2089.8kN，波动范围为 254.3～5998.6kN。推力后期平均值为 4001.9kN，波动范围为 2050.6～6840.4kN。扭矩前期平均值为 500.1kN·m，波动范围为 308.4～2906.5kN·m。随着刀盘入土深度增加，扭矩不断增大，扭矩后期平均值为 1746.6kN·m，波动范围为 1177.5～3266.3kN·m。

Ⅳ类地层掘进时，推力前期平均值为 2135.4kN，波动范围为 252.1～5234.6kN。推力后期平均值为 4108.9kN，波动范围为 2223.6～9087.4kN。扭矩前期平均值为 608.7kN·m，波动范围为 320.2～1966.6kN·m。随着刀盘入土深度增加，扭矩不断增大，扭矩后期平均值为 2181kN·m，波动范围为 1477.6～3896.3kN·m。

Ⅴ类地层掘进时，推力前期平均值为 4268.3kN，波动范围为 2230.1～6780.5kN。推力后期平均值为 6080.7kN，波动范围为 3100.8～11800.9kN。扭矩前期平均值为 721.9kN·m，波动范围为 350.2～1988.5kN·m。随着刀盘入土深度增加，扭矩不断增大，扭矩后期平均值为 2453.4kN·m，波动范围为 1750.4～3200.7kN·m。

3.3 盾构全滚刀破岩颗粒流模拟方法

3.3.1 岩土体细观参数标定

隧道主要穿越粗砂、强风化泥质粉砂岩、中风化泥质粉砂岩和中风化钙质泥岩地层，根据地质勘探结果及相关室内试验。4 种岩土体的宏观力学参数见表 3－4。

表 3－4 岩土体宏观力学参数表

岩土体	重度 /(kN·m⁻³)	黏聚力 /kPa	内摩擦角 /°	变形模量 /MPa	泊松比	单轴抗压强度 /MPa	单轴抗拉强度 /MPa
粗砂	19.8	1	34	40	0.3	—	—
中风化钙质泥岩	23.6	250	30	160	0.28	6.9	0.29
强风化泥质粉砂岩	20.2	120	25	100	0.32	2.7	0.15
中风化泥质粉砂岩	23.9	350	32	200	0.27	8.6	0.4

以前文所提及的 4 种岩土体为研究对象，基于表中所示的宏观力学参数，通过对单轴压缩试验、巴西劈裂试验和三轴压缩试验进行离散元模拟，对 3 种土体的 PFC^{3D} 离散元微观参数进行标定。由于所进行离散元数值模拟的岩土体均为均质材料，因此对于强风化泥质粉砂岩、中风化泥质粉砂岩和钙质泥岩 3 种材料，颗粒间的接触模型均采用 linearpbond（平行连接）模型；考虑到粗砂颗粒间的连接性较弱，该种材料颗粒间的接触模型采用 linear（线性连接）模型。PFC 提供的平行连接模型主要由平行连接构件及线性构件组成，如图 3－4 所示。

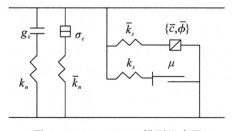

图 3－4 linearpbond 模型示意图

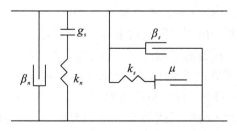

图 3－5 linear 模型示意图

根据选定的颗粒接触模型，结合相关试验的试验流程，建立单轴压缩试验、巴西劈裂试验和三轴压缩试验离散元模型如图 3－6 所示。

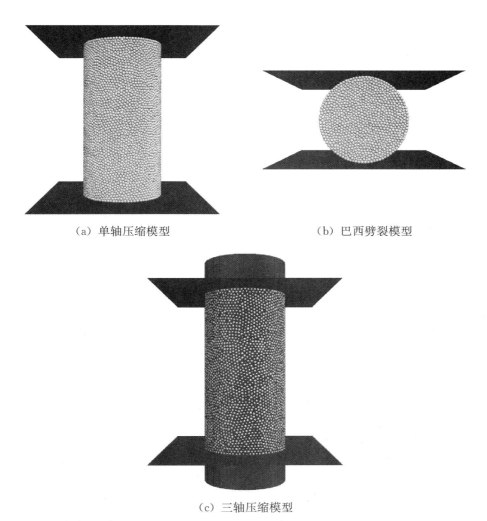

（a）单轴压缩模型　　　　　　　　　（b）巴西劈裂模型

（c）三轴压缩模型

图 3－6　PFC 三维标定模型

图 3－6（a）所示的单轴压缩模型主要由两个部分组成，分别为中间的岩土体颗粒流模型和上下两侧的加载墙体。中间的岩土体颗粒流模型尺寸与三轴压缩试验试件相同，为 50mm×100mm 的圆柱体；模型颗粒的最小半径为 1mm，最大半径为 1.66mm。在图 3－6（b）所示的巴西劈裂数值模型中，岩土体模型的颗粒尺寸与单轴压缩模型中的尺寸相同，整个岩土体模型为 50mm×25mm 的圆柱体。采用图 3－6（c）所示的三轴压缩模型进行标定时，模型的围压由包裹岩土体颗粒的侧面墙体提供，通过 PFC 自带的伺服机制控制墙体位移，以保证围压维持固定数值。通过反复试错，最终得到 4 种岩土体 PFC^{3D}离散元微观接触参数，见表 3－5 和表 3－6。

表 3－5　linearpbond 模型微观接触参数

岩样类型	dense	Emod	krat	Pb _ emod	Pb _ krat	Pb _ ten	Pb _ coh	Pb _ fa	fric
中风化钙质泥岩	2360	7.5e7	3	7.5e7	3	1.16e6	1.16e6	45	0.48

岩样类型	dense	Emod	krat	Pb_emod	Pb_krat	Pb_ten	Pb_coh	Pb_fa	fric
中风化泥质粉砂岩	2390	9.7e7	3	9.7e7	3	1.55e6	1.55e6	45	0.577
强风化泥质粉砂岩	2020	4.9e7	3	4.9e7	3	0.55e6	0.55e6	43	0.45

表 3—6　linear 模型微观接触参数

岩样类型	dense	kn	ks	fric
粗砂	1980	1.56e7	1.56e7	0.6

3.3.2　全刀盘滚刀破岩模型

整个开挖面岩土体为半径 3.8m、厚度 0.4m 的圆柱体，PFC^{3D}离散元模型由 66473 个球体颗粒组成。根据地质条件分段情况，确定盾构机在各分段开挖时开挖面土层分布情况，并结合前文标定所得的岩土体微观参数，得到盾构机在各分段开挖时的开挖面离散元模型如图 3—7 所示。

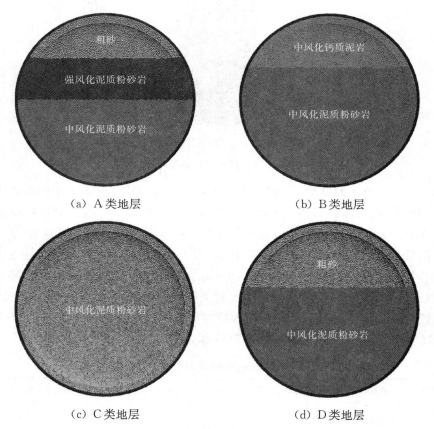

（a）A 类地层　　　　　　　　　　　　（b）B 类地层

（c）C 类地层　　　　　　　　　　　　（d）D 类地层

图 3—7　各分段开挖面离散元模型

刀盘破岩模型如图3-8所示。刀盘共有35把滚刀，包括6把中心滚刀（双刃滚刀）、19把正滚刀（单刃滚刀）和10把边缘滚刀（单刃滚刀），即有41个刀刃。图中1♯~12♯刀刃即为中心滚刀刀刃，13♯~31♯刀刃即为正滚刀刀刃，32♯~41♯刀刃即为边缘滚刀刀刃。

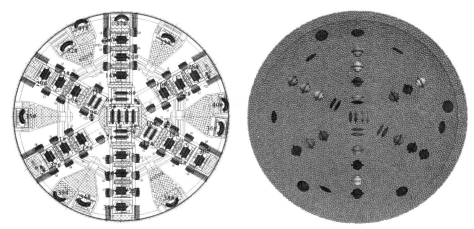

图3-8　刀盘破岩模型

计算工况见表3-7。

表3-7　计算工况表

工况编号	地层	刀盘转速/rpm	掘进速度/(mm·min^{-1})	贯入速度/(mm·r^{-1})
工况1	A类地层	1.2	37	30.8
工况2	B类地层	1.5	40	26.7
工况3	C类地层	1.5	40	26.7
工况4	D类地层	1.5	40	26.7

3.3.3　计算结果分析

对各类地层下盾构机的全滚刀受力及破岩效果进行分析，可得出4种工况下滚刀破岩所引起的岩土体损失图及裂隙图，如图3-9~图3-12所示。

可以看出盾构机的刀盘在旋转一周后，4类地层开挖面处均产生了极为明显的效果。由岩土损失图可知，在滚刀作用下，开挖面上剥离的岩土体颗粒数目随岩土体强度的增加而减少，且剥离颗粒的位置几乎均位于软硬交界面处。A类地层岩土体颗粒损失总数为4008，B类地层岩土体颗粒损失总数为290，C类地层岩土体颗粒损失总数为110，D类地层岩土体颗粒损失总数为3393。

由破岩裂隙图可知，在滚刀旋转一周后，开挖面处岩体出现大量裂隙（粗砂层颗粒为松散体，之间不产生裂隙），且裂隙数量随岩土体强度的增加而减少。

 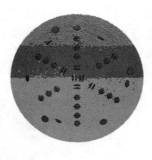  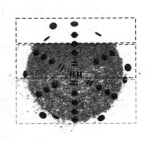

（a）岩土损失图　　　　　　　　　　　（b）破岩裂隙图

图 3－9　A 类地层刀盘旋转一周破岩效果图

 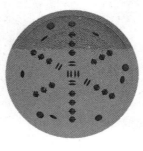  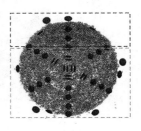

（a）岩土损失图　　　　　　　　　　　（b）破岩裂隙图

图 3－10　B 类地层刀盘旋转一周破岩效果图

   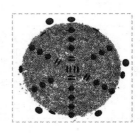

（a）岩土损失图　　　　　　　　　　　（b）破岩裂隙图

图 3－11　C 类地层刀盘旋转一周破岩效果图

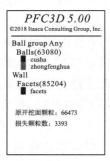   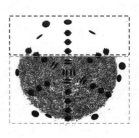

（a）岩土损失图　　　　　　　　　　　（b）破岩裂隙图

图 3－12　D 类地层刀盘旋转一周破岩效果图

根据 PFC 计算结果，取各滚刀在开挖过程中所受的法向力及旋转扭矩求和后，得到盾构机滚刀破岩所需的推力及扭矩。在 4 类地层中，全滚刀破岩受力 PFC 离散元模型的计算结果为：A 类地层轴力波动范围为 1045.3～3987.3kN，平均值为 2217.4kN，扭矩波动范围为 141.3～459.5kN·m，平均值为 254.9kN·m；B 类地层轴力波动范围为 1718.2～4630.2kN，平均值为 3069.2kN，扭矩波动范围为 277.3～833.6kN·m，平均值为 472.3kN·m；C 类地层轴力波动范围为 2034.0～4648.8kN，平均值为 3214.1kN，扭矩波动范围为 335.0～874.1kN·m，平均值为 525.9kN·m；D 类地层轴力波动范围为 1365.7～3979.3kN，平均值为 2489.9kN，扭矩波动范围为 127.7～580.2kN·m，平均值为 297.8 kN·m。

3.4　盾构掘进参数与滚刀受力相关性

3.4.1　刀盘转速与滚刀受力相关性

研究刀盘转速与滚刀受力的相关性，在此过程中保持地层类型及滚刀贯入速度不变，只改变刀盘的转速。采用 A 类地层为研究对象，贯入速度为 30.8mm/r，分别对刀盘转速为 1.5rpm、2.0rpm 和 2.5rpm 的全滚刀破岩过程进行模拟，提取推力及扭矩。当刀盘转速为 1.5rpm 时，推力为 2548.6kN，扭矩为 290.5kN·m；当刀盘转速为 2.0rpm 时，推力为 3118.8kN，扭矩为 356.5kN·m；当刀盘转速为 2.5rpm 时，推力为 3675.9kN，扭矩为 420.8kN·m。从图 3−13 可以看出，随着刀盘转速的增大，滚刀破岩所需的推力、扭矩均有明显的增大。这是由于刀盘转速的增大加快了滚刀与岩土体颗粒的挤压过程，所以单位时间内破岩所需消耗的能量加大，进而导致滚刀破岩所需的推力及扭矩增大。

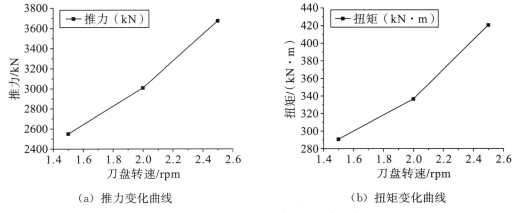

（a）推力变化曲线　　　　　　　　　（b）扭矩变化曲线

图 3−13　刀盘转速对滚刀受力的影响

3.4.2　贯入速度与滚刀受力相关性

研究刀盘转速与滚刀受力的相关性，在此过程中保持地层类型及刀盘的转速不变，只改变滚刀贯入速度。采用 A 类地层为研究对象，刀盘转速为 1.2rpm，分别对贯入速度为 40mm/r、50mm/r 和 60mm/r 的全滚刀破岩过程进行模拟，提取推力及扭矩。当贯入速度为 40mm/r 时，推力为 3056.8kN，扭矩为 376.2kN·m；当贯入速度为 50mm/r 时，推力为 4012.9kN，扭矩为 516.8kN·m；当贯入速度为 60mm/r 时，推力为 4968.5kN，扭矩为 649.8kN·m。从图 3-14 可以看出，随着贯入速度的增大，滚刀破岩所需的推力及扭矩均有明显的增大趋势，且二者几乎为线性关系。这是由于滚刀贯入速度的增大表征着滚刀切入岩土体的深度增大，所以滚刀单位时间内破碎岩土体所需的能量增大，进而使得滚刀破岩所受的力增大。

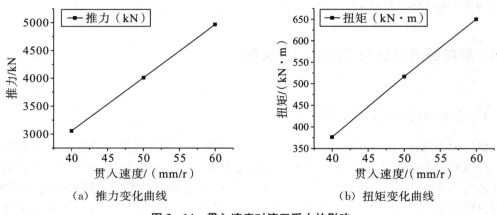

（a）推力变化曲线　　　　　　（b）扭矩变化曲线

图 3-14　贯入速度对滚刀受力的影响

3.5　盾构机掘进参数控制标准

3.5.1　掘进参数控制值

1）掘进参数控制值

根据所选盾构机的机型参数，该盾构机的掘进参数需满足表 3-8。

表 3-8　掘进参数控制值

掘进参数	刀盘转速 /rpm	掘进速度 / (mm·min⁻¹)
控制值	3	80

2）全滚刀破岩受力控制值

根据盾构机设计要求，盾构机的额定推力及扭矩需为盾构机转向、姿态调整等预留 50% 的安全冗余，因此取全滚刀破岩受力控制值为：

$$F_{控} = F_{额} - 1.5(F_1 + F_2 + F_3 + F_4)$$

$$T_{控} = T_{额} - 1.5(T_1 + T_2 + T_3 + T_4 + T_5 + T_6)$$

各类地层下全滚刀破岩受力控制值见表 3-9。

表 3-9　滚刀破岩推力、扭矩控制值

地层	推力/kN	扭矩/(kN·m)
A 类地层控制值	12954.9	587.9
B 类地层控制值	17552.6	1356.4
C 类地层控制值	16658.6	1222.7
D 类地层控制值	13013.6	616.4

3.5.2　A 类地层掘进参数控制标准

以 A 类地层为研究对象，采用 PFC 滚刀破岩模型分别计算刀盘转速为 1.0rpm、1.5rpm、2.0rpm 和 3.0rpm 时的盾构机最大掘进速度，计算工况见表 3-10。提取全滚刀模型受力结果进行分析，各工况滚刀破岩所需推力及扭矩见表 3-11。

表 3-10　计算工况表

刀盘转速/rpm	贯入速度/(mm·r⁻¹)		
1	40	50	60
1.5	40	50	60
2	40	50	60
3	40	50	60

表 3-11　各计算工况滚刀破岩所需推力、扭矩表

刀盘转速/rpm	贯入速度/(mm·r⁻¹)					
	40		50		60	
	推力/kN	扭矩/(kN·m)	推力/kN	扭矩/(kN·m)	推力/kN	扭矩/(kN·m)
1	2856.7	348.6	3718.5	482.5	4688.6	612.9
1.5	3415.8	411.9	4379.4	550.7	5206.8	681.8
2	4189.8	489.5	5021.5	642.8	5832.6	778.5
3	5408.6	618.7	6385.5	761.8	7148.6	886.4

当刀盘转速一定时，滚刀破岩所需推力、扭矩随贯入速度的增大而增大。因此采用线性方程对数据进行拟合。同时可以看出，随着贯入速度的增大，在 A 类地层中滚刀破岩所需的扭矩率先达到控制值 587.9kN·m。因此，将 A 类地层的扭矩控制值代入各刀盘转速下扭矩随贯入速度变化的拟合方程，分别得到各刀盘转速下的最大贯入速度，进而得到各刀盘转速下的盾构机最大掘进速度，如图 3-15 和图 3-16 所示。

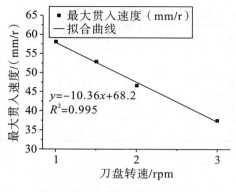
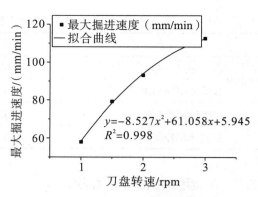

图 3－15　A 类地层刀盘转速与　　　图 3－16　A 类地层刀盘转速与

最大贯入速度关系图　　　　　最大掘进速度关系图

由图 3－15 可知，滚刀最大贯入速度随刀盘转速的增大而减小，这是由于刀盘转速与贯入速度对滚刀受力的影响均是正相关的。但由图 3－16 可知，盾构机掘进速度随刀盘转速的增大而增大，这说明贯入速度对滚刀受力的影响要大于刀盘转速对滚刀受力的影响。根据刀盘转速与最大贯入速度的关系，以及掘进速度与刀盘转速、贯入速度的关系，采用二次曲线对刀盘转速与最大掘进速度之间的关系进行拟合，所得关系式为：$v = -8.527w^2 + 61.058w + 5.945$。

根据所使用盾构机的设计参数，盾构机在 A 类地层中掘进需满足以下条件：

$$0 \leqslant w \leqslant 3; 0 \leqslant v \leqslant 80$$

同时，为保证盾构机破岩后出渣顺利，刀盘旋转一周，滚刀贯入岩土体的深度不应大于滚刀伸出刀盘面的高度 h_1。因此，盾构机掘进过程中，滚刀贯入速度 h 应满足：$h < 175$mm/r。根据盾构机掘进速度 v 与贯入速度 h、刀盘转速 w 之间的关系，盾构机掘进速度与刀盘转速应满足以下条件：

$$v \leqslant 175w$$

根据前文基于滚刀破岩受力控制所确定的刀盘转速与最大掘进速度间的关系，盾构机在 A 类地层中掘进施工时，掘进参数还需满足以下关系：

$$v \leqslant -8.527w^2 + 61.058w + 5.945$$

因此，盾构机在 A 类地层中掘进施工时，掘进参数取值集合为：

$$(w,v) \in \{w,v \mid v \leqslant -8.527w^2 + 61.058w + 5.945,$$
$$v \leqslant 175w, 0 \leqslant w \leqslant 3, 0 \leqslant v \leqslant 80\}$$

A 类地层盾构掘进参数控制标准，如图 3－17 所示。盾构机在 A 类地层中掘进时，其掘进参数的取值范围是由最大贯入速度控制线 $v = 175w$、滚刀破岩受力控制线 $v = -8.527w^2 + 61.058w + 5.945$、盾构设计参数控制线 $v = 80$ 以及刀盘转速控制线 $w = 3$ 组成的封闭区域。该封闭区域根据其顶部控制线的不同，可分为最大贯入速度控制区、滚刀破岩受力控制区和盾构设计参数控制区 3 个区域。

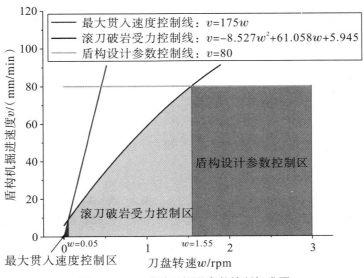

图 3-17　A 类地层掘进参数控制标准图

最大贯入速度控制区：该区域的安全取值宽度（刀盘转速取值范围）由最大贯入速度控制线及滚刀破岩受力控制线共同控制，A 类地层为 $0<w<0.05$；安全取值高度（盾构机掘进速度取值范围）由最大贯入速度控制线控制，A 类地层为 $v<175w$。也就是说，影响该区域盾构机掘进速度的主要因素为盾构机所能提供的最大贯入速度。

滚刀破岩受力控制区：该区域的安全取值宽度（刀盘转速取值范围）由最大贯入速度控制线及滚刀破岩受力控制线控制起点，滚刀破岩受力控制线及盾构设计参数控制线控制终点，A 类地层为 $0.05<w<1.55$；安全取值高度（盾构机掘进速度）由滚刀破岩受力控制线控制，A 类地层为 $v<-8.527w^2+61.058w+5.945$。也就是说，影响该区域盾构机掘进速度的主要因素为滚刀破岩受力。

盾构设计参数控制区：该区域的安全取值宽度（刀盘转速取值范围）由滚刀破岩受力控制线及盾构设计参数控制线控制，A 类地层为 $1.55<w<3$；安全取值高度（盾构机掘进速度取值范围）由盾构设计参数控制线控制，A 类地层为 $v<80$。也就是说，影响该区域盾构机掘进速度的主要因素为盾构机设计最大掘进速度。

3.5.3　B 类地层掘进参数控制标准

以 B 类地层为研究对象，按表 3-10 中的计算工况采用 PFC 滚刀破岩模型进行数值计算。在 B 类地层中，随着贯入速度的增大，刀盘破岩所需的扭矩仍然率先达到控制值 1356.4kN·m。因此，同样将 B 地层下的扭矩控制值代入各刀盘转速下扭矩随贯入速度变化的拟合方程，分别得到各刀盘转速下的最大贯入速度，进而得到各刀盘转速下的盾构机最大掘进速度，如图 3-18 和图 3-19 所示。

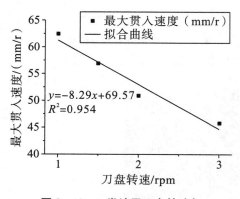

图3-18 B类地层刀盘转速与
最大贯入速度关系图

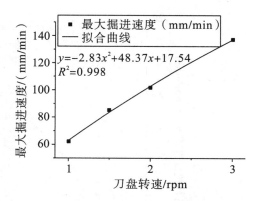

图3-19 B类地层刀盘转速与最大
掘进速度关系图

B类地层中最大贯入速度及最大掘进速度随刀盘转速的变化规律与A类地层相同，最大贯入速度随刀盘转速的增大而减小，最大掘进速度随刀盘转速的增大而增大。采用二次曲线对刀盘转速与最大掘进速度之间的关系进行拟合，得到的关系式为：$v=-2.83w^2+48.37w+17.54$。

盾构设计参数对掘进参数的限制条件，盾构机在B类地层中的掘进参数取值集合为：

$$(w,v) \in \{w,v \mid v \leqslant -2.83w^2 + 48.37w + 17.54,$$
$$v \leqslant 175w, 0 \leqslant w \leqslant 3, 0 \leqslant v \leqslant 80\}$$

B类地层盾构掘进参数控制标准，如图3-20所示。盾构机在B类地层中掘进时，其掘进参数的取值范围是由最大贯入速度控制线 $v=175w$、滚刀破岩受力控制线 $v=-2.83w^2+48.37w+17.54$、盾构设计参数控制线 $v=80$ 以及刀盘转速控制线 $w=3$ 组成的封闭区域。该封闭区域根据其顶部控制线的不同，仍然分为最大贯入速度控制区、滚刀破岩受力控制区和盾构设计参数控制区3个区域。

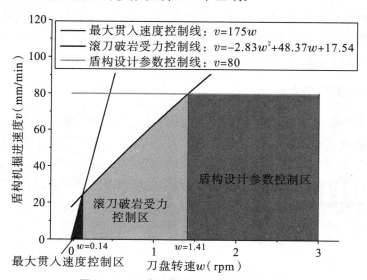

图3-20 B类地层掘进参数控制标准图

受最大贯入速度控制线及滚刀破岩受力控制线作用，B类地层最大贯入速度控制区的安全取值宽度（刀盘转速取值范围）为 $0<w<0.14$，安全取值高度（盾构机掘进速度取值范围）为 $v<175w$；受最大贯入速度控制线、滚刀破岩受力控制线和盾构机设计参数控制线三者作用下，B类地层滚刀破岩受力控制区的安全取值宽度（刀盘转速取值范围）为 $0.14<w<1.41$，安全取值高度（盾构机掘进速度取值范围）为 $v<-2.83w^2+48.37w+17.54$；受滚刀破岩受力控制线及盾构机设计参数控制线作用，B类地层盾构设计参数控制区的安全取值宽度（刀盘转速取值范围）为 $1.41<w<3$，安全取值高度（盾构机掘进速度取值范围）为 $v<80$。

3.5.4　C类地层掘进参数控制标准

以 C 类地层为研究对象，按表 3-10 中的计算工况采用 PFC 滚刀破岩模型进行数值计算。在 C 类地层中，随着贯入速度的增大，刀盘破岩所需的扭矩仍然率先达到控制值 1222.7kN·m。因此，同样将 C 类地层下的扭矩控制值代入各刀盘转速下扭矩随贯入速度变化的拟合方程，分别得到各刀盘转速下的最大贯入速度，进而得到各刀盘转速下的盾构机最大掘进速度，如图 3-21 和图 3-22 所示。

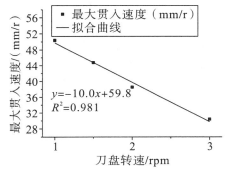 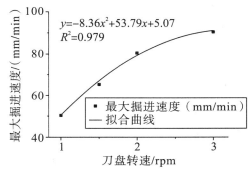

图 3-21　C类地层刀盘转速与最大贯入速度关系图　　图 3-22　C类地层刀盘转速与最大掘进速度关系图

C 类地层中最大贯入速度及最大掘进速度随刀盘转速的变化规律与 A、B 类地层相同，最大贯入速度随刀盘转速的增大减小，最大掘进速度随刀盘转速的增大而增大。采用二次曲线对刀盘转速与最大掘进速度之间的关系进行拟合，得到的关系式为：$v=-8.36w^2+53.79w+5.07$。

盾构设计参数对掘进参数的限制条件，盾构机在 C 类地层中的掘进参数取值集合为：

$$(w,v)\in\{w,v\mid v\leqslant-8.36w^2+53.79w+5.07,$$
$$v\leqslant175w,0\leqslant w\leqslant3,0\leqslant v\leqslant80\}$$

C 类地层盾构掘进参数控制标准，如图 3-23 所示。盾构机在 C 类地层中掘进时，其掘进参数的取值范围是由最大贯入速度控制线 $v=175w$、滚刀破岩受力控制线 $v=-8.36w^2+53.79w+5.07$、盾构设计参数控制线 $v=80$ 以及刀盘转速控制线 $w=3$ 组成的封闭区域。该封闭区域根据其顶部控制线的不同，仍然分为最大贯入速度控制区、滚刀破岩受力控制区和盾构设计参数控制区 3 个区域。

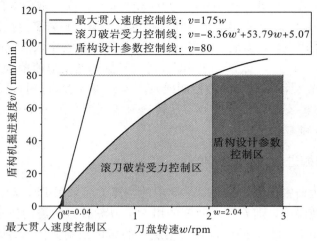

图 3-23 C 类地层掘进参数控制标准图

受最大贯入速度控制线及滚刀破岩受力控制线作用，C 类地层最大贯入速度控制区的安全取值宽度（刀盘转速取值范围）为 $0<w<0.04$，安全取值高度（盾构机掘进速度取值范围）为 $v<175w$；受最大贯入速度控制线、滚刀破岩受力控制线和盾构机设计参数控制线三者作用下，C 类地层滚刀破岩受力控制区的安全取值宽度（刀盘转速取值范围）为 $0.04<w<2.04$，安全取值高度（盾构机掘进速度取值范围）为 $v<-8.36w^2+53.79w+5.07$；受滚刀破岩受力控制线及盾构机设计参数控制线作用，C 类地层盾构设计参数控制区的安全取值宽度（刀盘转速取值范围）为 $2.04<w<3$，安全取值高度（盾构机掘进速度取值范围）为 $v<80$。

3.5.5 D 类地层掘进参数控制标准

以 D 类地层为研究对象，按表 3-10 中的计算工况采用 PFC 滚刀破岩模型进行数值计算。在 D 类地层中，随着贯入速度的增大，刀盘破岩所需的扭矩仍然率先达到控制值 616.4kN·m。因此，同样将 D 类地层下的扭矩控制值代入各刀盘转速下扭矩随贯入速度变化的拟合方程，分别得到各刀盘转速下的最大贯入速度，再根据盾构机掘进速度与刀盘转速及贯入速度之间的关系，进而得到各刀盘转速下的盾构机最大掘进速度，如图 3-24 和图 3-25 所示。

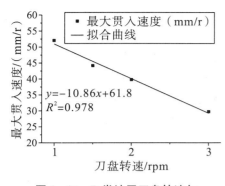

图 3－24　D 类地层刀盘转速与
最大贯入速度关系图

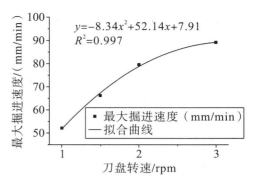

图 3－25　D 类地层刀盘转速与
最大掘进速度关系图

　　D 类地层中最大贯入速度及最大掘进速度随刀盘转速的变化规律与 A、B、C 类地层相同，最大贯入速度随刀盘转速的增大减小，最大掘进速度随刀盘转速的增大而增大。采用二次曲线对刀盘转速与最大掘进速度之间的关系进行拟合，得到关系式为：$v=-8.34w^2+52.14w+7.91$。

　　结合盾构设计参数对掘进参数的限制条件，盾构机在 B 类地层中的掘进参数取值集合为：

$$(w,v) \in \{w,v \mid v \leqslant -8.34w^2+52.14w+7.91,$$
$$v \leqslant 175w, 0 \leqslant w \leqslant 3, 0 \leqslant v \leqslant 80\}$$

　　D 类地层盾构掘进参数控制标准，如图 3－26 所示。盾构机在 D 类地层中掘进时，其掘进参数的取值范围是由最大贯入速度控制线 $v=175w$、滚刀破岩受力控制线 $v=-8.34w^2+52.14w+7.91$、盾构设计参数控制线 $v=80$ 以及刀盘转速控制线 $w=3$ 组成的封闭区域。该封闭区域根据其顶部控制线的不同，仍然分为最大贯入速度控制区、滚刀破岩受力控制区和盾构设计参数控制区 3 个区域。

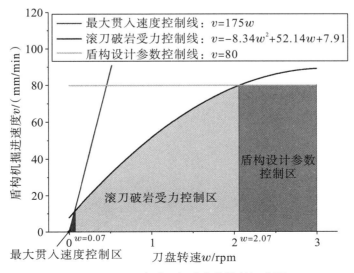

图 3－26　D 类地层掘进参数控制标准图

受最大贯入速度控制线及滚刀破岩受力控制线作用，D类地层最大贯入速度控制区的安全取值宽度（刀盘转速取值范围）为 $0<w<0.07$，安全取值高度（盾构机掘进速度取值范围）为 $v<175w$；受最大贯入速度控制线、滚刀破岩受力控制线和盾构机设计参数控制线三者作用下，D类地层滚刀破岩受力控制区的安全取值宽度（刀盘转速取值范围）为 $0.07<w<2.07$，安全取值高度（盾构机掘进速度取值范围）为 $v<-8.34w^2+52.14w+7.91$；受滚刀破岩受力控制线及盾构机设计参数控制线作用，D类地层盾构设计参数控制区的安全取值宽度（刀盘转速取值范围）为 $2.07<w<3$，安全取值高度（盾构机掘进速度取值范围）为 $v<80$。

第4章　富水复合地层盾构掘进渣土改良技术

南昌地区具有典型的砾砂和泥质粉砂岩复合地层。砾砂的高透水性显著增加了土压平衡盾构掘进过程中的喷涌风险,泥质粉砂岩的高黏性也增加了刀盘结泥饼风险。隧道开挖面上砾砂与中风化泥质粉砂岩复合情况多变,土仓内复合渣土的性能给盾构快速掘进带来重大挑战。本章内容主要包括常用渣土改良剂的性能分析,复合地层渣土改良方案及改良剂合理添加比设计,以及渣土改良参数与掘进参数的相关性等。

4.1　渣土改良必要性

渣土改良是否合理对盾构施工有重大影响,南昌富水复合地层同时具备喷涌和结"泥饼"风险,利用现场取回的土体进行渣土改良室内研究。对于不同的地层所使用的渣土改良剂是不同的,因此首先需要根据待改良土体特点,选择合适的改良剂。改良剂确定后需要开展改良剂的相关性能测试,以检测改良剂是否满足要求。对于砾砂从坍落度试验、渗透性试验、直剪试验得出合理的改良剂添加方案,对于中风化泥质粉砂岩从坍落度试验得出合理的改良剂添加方案,最后开展砾砂与中风化泥质粉砂岩不同比例混合的复合地层坍落度试验,检验砾砂与中风化泥质粉砂岩改良添加方案的合理性。

对于砾砂主要提高其抗渗性、流塑性以及降低内摩擦角,抗渗性的提高有利于开挖面的稳定,减少螺旋输送机喷涌风险,流塑性的提高利于土体输送,内摩擦角的降低能够减少刀盘扭矩。对于中风化泥质粉砂岩主要提高其流塑性,使其便于从土仓输送出来,避免渣土黏附在刀盘和土仓之上形成"泥饼",进而影响盾构机正常掘进。

区间隧道穿越范围内各类地质占比见图4-1。分析区间隧道穿越地质情况可知,中风化泥质粉砂岩占比为46.03%,砾砂占比为33.89%,粗砂占比为13.17%,圆砾占比为3.71%,强风化泥质粉砂岩占比为2.60%,中风化钙质泥岩占比为0.60%,中风化泥质粉砂岩和砾砂的占比之和达到79.92%。

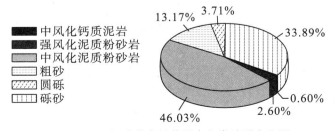

图4-1　区间隧道穿越范围内各类地质占比图

砂性地层稳定性差、摩阻大、渗透性强，盾构掘进砂性地层时常出现刀盘和刀具磨损严重、刀盘扭矩推力增大、掌子面失稳、螺旋输送机喷涌等问题。经分析，高岭土、蒙脱石、伊利石等矿物成分很可能产生"泥饼"。采用 Rigaku D/max2500 自动 X 射线衍射仪对泥质粉砂岩进行物相分析，产生"泥饼"的高岭土、蒙脱石、伊利石等矿物成分高达 40.5%。砾砂、粗砂、圆砾的高透水性显著增加了土压平衡盾构掘进过程中的喷涌风险，同时泥质粉砂岩的高黏性也增加了刀盘结"泥饼"风险。根据区间隧道穿越范围内各类地质占比情况，决定对砾砂地层、中风化泥质粉砂岩地层进行渣土改良技术研究。

4.2 渣土改良剂性能测试

4.2.1 泡沫性能测试

开展现场泡沫剂的室内性能测试，现场施工使用的是康纳特泡沫剂，见图 4-2。泡沫剂与水混合后形成不同浓度的泡沫剂溶液 1%、2%、3%、4%、5%，通过自制的泡沫产生系统进行发泡，将各浓度下产生的泡沫进行发泡率和半衰期测试，结果见图 4-3。

图 4-2　现场使用泡沫剂

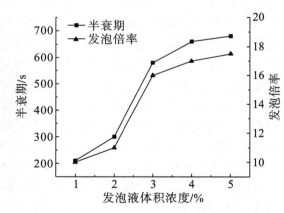

图 4-3　不同浓度泡沫剂发泡率和半衰期

由图 4-3 可知，当泡沫剂溶液浓度增大，泡沫的半衰期和发泡率均呈增加的趋势；当泡沫剂溶液浓度小于 3% 时，泡沫的半衰期和和发泡率增长较快；当泡沫剂溶液浓度大于 3% 时，泡沫的半衰期和和发泡率增长较慢；当泡沫剂溶液浓度等于 3% 时，泡沫的半衰期为 580s，泡沫的发泡率为 16，满足工程经验需要泡沫半衰期大于 5min，泡沫发泡率在 10~20 之间的要求。综合考虑，建议现场使用泡沫剂溶液浓度为 3%。

4.2.2 膨润土性能测试

取现场钠基膨润土开展室内测试，钠基膨润土浆液按配合比配制好后，静置，使膨润土充分膨胀，见图 4-4。配合比定义为膨润土与水的质量比。膨润土泥浆按照配合比 1∶5，1∶8，1∶10，1∶12，1∶15 分别配制，分别进行膨润土泥浆比重测试、漏斗黏度测试和表观黏度测试，结果分别见图 4-5～图 4-7。

图 4-4　膨润土泥浆搅拌

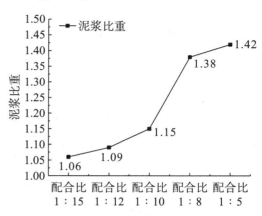

图 4-5　不同浓度钠基膨润土泥浆比重

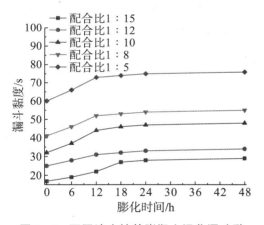

图 4-6　不同浓度钠基膨润土泥浆漏斗黏度

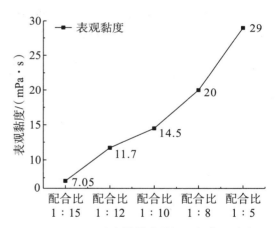

图 4-7　不同浓度钠基膨润土泥浆表观黏度

从图 4-5 可以看出，当配合比小于 1∶8 时，泥浆比重呈加速增加的趋势，当配合比大于 1∶8 时，浆比重增加较少。由图 4-6 可以看出，对于同一配合比的膨润土泥浆，随着膨化时间变长，膨润土泥浆漏斗黏度呈增大的趋势，在 48h 的膨化时间里，前 24h 漏斗黏度值增幅明显，后 24h 漏斗黏度值变化较小；对于不同配合比的膨润土泥浆，随着配合比的增大，膨润土泥浆漏斗黏度呈增大的趋势，当配合比小于 1∶8 时，漏斗黏度值增幅较小，当配合比大于 1∶8 时，漏斗黏度值增幅较大。当配合比为 1∶8 时，膨润土泥浆膨化 24h 的漏斗黏度值为 54s。从图 4-7 可以看出，随着配合比的增大，泥浆表观黏度不断增大，当配合比为 1∶5 时，表观黏度为 29mPa·s。

4.3 渣土改良试验

使用泡沫发生系统产生泡沫并配制钠基膨润土泥浆对土体进行改良，研究改良剂的不同添加比对土体的改良效果。对于全砾砂土体，开展坍落度试验、直剪试验、渗透性试验。对于全中风化泥质粉砂岩土体以及砾砂与中风化泥质粉砂岩不同比例混合的土体仅开展坍落度试验。

根据前期泡沫剂和膨润土泥浆性能研究结果，泡沫剂溶液浓度取为3%，膨润土泥浆配合比为1：8。室内测得砾砂饱和含水率为12.9%，中风化泥质粉砂岩含水率为11.2%。同时分别开展砾砂和中风化泥质粉砂岩渣土改良试验。对每类土体添加一定量改良剂，改良剂的添加比为改良剂的体积与土体体积的比值。

4.3.1 砾砂改良试验结果

考虑到南昌地层富水条件及砾砂的强渗透性，开展砾砂坍落度测试时对砾砂添加适量水，使含水率达到饱和含水率。对砾砂添加相应的添加剂见表4-1。

表4-1 砾砂渣土改良工况

工况	改良剂	添加比 /%						
		A	B	C	D	E	F	G
工况1	泡沫	5	10	15	20	25	30	35
	膨润土泥浆	0	0	0	0	0	0	0
工况2	泡沫	0	0	0	0	0	0	0
	膨润土泥浆	5	10	15	20	25	30	35
工况3	泡沫	1	2	3	4	5	6	7
	膨润土泥浆	4	8	12	16	20	24	28
工况4	泡沫	2	4	6	8	10	12	14
	膨润土泥浆	3	6	9	12	15	18	21
工况5	泡沫	3	6	9	12	15	18	21
	膨润土泥浆	2	4	6	8	10	12	14
工况6	泡沫	4	8	12	16	20	24	28
	膨润土泥浆	1	2	3	4	5	6	7

1）坍落度测试结果

从图4-8可以看出，单独使用膨润土泥浆改良时，渣土坍落度随着改良剂添加量的增大而增大，坍落度值区间为40～200mm，渣土的流动性很差，泌浆严重，但渣土可塑性较好；单独使用泡沫改良时，随着改良剂添加量的增加，渣土坍落度呈增加的趋势，坍落度值区间为 200～260mm，渣土的流动性较好，但渣土可塑性较差，坍落度值偏大。

当泡沫与膨润土泥浆比为 1∶4 和泡沫与膨润土泥浆比为 2∶3 时，坍落度数值分别为 50～170mm 和 30～182mm，渣土现象与单独使用膨润土泥浆改良时类似；当泡沫与膨润土泥浆比为 3∶2 和泡沫与膨润土泥浆比为 4∶1 时，坍落度数值分别为 86～240mm 和 185～260mm，渣土现象与单独使用泡沫改良时类似。

综合对比可知，需对泡沫与膨润土泥浆比为 4∶1 的添加比进行加密，设置加密添加比为 1%、2%、3%、4%、5%、6%、7%、8%，进一步开展各添加比下的坍落度试验、渗透性试验、直剪试验。

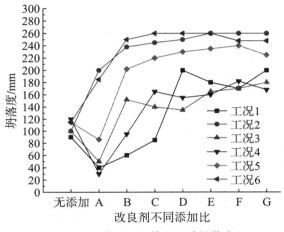

图 4-8　各工况下饱和砾砂坍落度

从图 4-9 可以看出，当改良剂采用泡沫与膨润土泥浆比为 4∶1 的添加方式时，随着改良剂添加比的增大，砾砂渣土坍落度呈不断增加的趋势，坍落度值在 142～210mm 之间，从渣土流塑性方面来看，建议饱和砾砂改良剂的添加比在 5%～7% 即可。

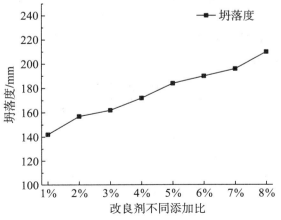

图 4-9　改良剂不同添加比饱和砾砂渣土坍落度

2）渗透性测试结果

按改良剂添加比对饱和砾砂渣土进行渗透性测试，结果见表 4-2。从图 4-10 可以看出，使用 70 型渗透仪测试饱和砾砂重塑土未改良前的渗透系数，测定结果为 $1.21 \times 10^{-1} cm/s$，与地勘资料所给数值接近。随着改良剂添加比增加，饱和砾砂渣土渗透性开始减小较快，后期减小较慢。

表 4-2　改良剂不同添加比砾砂渣土渗透系数

添加比	1%	2%	3%	4%
渗透系数/(cm/s)	3.92×10^{-3}	2.12×10^{-3}	7.12×10^{-4}	3.84×10^{-4}
添加比	5%	6%	7%	8%
渗透系数/(cm/s)	2.63×10^{-4}	1.71×10^{-4}	1.11×10^{-4}	8.10×10^{-5}

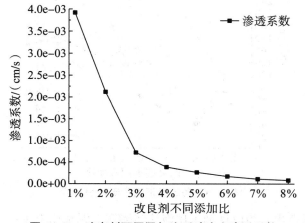

图 4-10　改良剂不同添加比砾砂渣土渗透系数

3）直剪测试结果

使用应变式直剪仪测试改良后渣土的内摩擦角和黏聚力，不同改良剂添加比的砾砂直剪测试结果见表 4-3。由图 4-11 可以看出，随着改良剂添加比不断增加，砾砂渣土黏聚力不断增大，内摩擦角不断减小。改良剂添加比每增加 1%，砾砂渣土黏聚力平均增大 0.56kPa，内摩擦角平均减小 0.8°。

表 4-3　砾砂直剪试验数据

改良剂添加比/%	垂直压力/kPa	测微表读数	抗剪强度/kPa	黏聚力/kPa	内摩擦角/°
无添加	100	6.6	63.1	0.1	34.3
	200	14.9	143.3		
	300	21.5	206.0		
	400	28.1	269.3		

改良剂添加比 /%	垂直压力 /kPa	测微表读数	抗剪强度 /kPa	黏聚力 /kPa	内摩擦角 /°
1	100	6.6	63.2	0.3	34.3
	200	15.0	144.4		
	300	21.5	206.3		
	400	28.1	270.2		
2	100	6.5	62.5	1.1	33.4
	200	14.6	140.1		
	300	20.6	197.5		
	400	27.4	262.9		
3	100	6.4	61.9	1.95	32.4
	200	14.1	135.8		
	300	19.7	188.8		
	400	26.6	255.7		
4	100	6.4	61.1	2.65	31.4
	200	13.7	131.5		
	300	18.8	180.4		
	400	25.9	248.4		
5	100	6.3	60.2	3.25	30.4
	200	13.3	127.3		
	300	17.9	172.1		
	400	25.1	241.2		
6	100	6.2	59.1	3.55	29.5
	200	12.8	123.1		
	300	17.0	163.6		
	400	24.4	234.2		
7	100	6.1	58.8	4.15	29.0
	200	12.6	121.1		
	300	16.6	159.6		
	400	24.0	230.4		
8	100	6.1	58.5	4.25	28.6
	200	12.5	119.6		
	300	16.3	156.9		
	400	23.8	228.1		

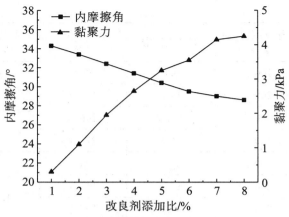

图4-11　砾砂渣土内摩擦角和黏聚力曲线

4.3.2　中风化泥质粉砂岩渣土改良试验

中风化泥质粉砂岩黏性大、渗透系数高、遇水软化，因此研究侧重点放在渣土的流塑性上，仅开展坍落度试验，不开展渣土渗透性试验以及直剪试验。针对中风化泥质粉砂岩对水敏感的特点，使用液塑限联合测定仪测试泥质粉砂岩的液塑限，测得液限为27.9%，塑限为18.4%，设置泥质粉砂岩的含水率为11.2%、15%、20%、25%、30%、35%，分别开展各含水率下泥质粉砂岩坍落度测试。由图4-12可以看出，当含水率小于塑限时，泥质粉砂岩坍落度为0；当含水率大于塑限时，随着含水率增加，坍落度数值不断增大。当含水率达到35%时，泥质粉砂岩坍落度值为17.0cm，具有较大的坍落度，但黏性依然较大，若不加改良剂优化其流塑性，在盾构机掘进过程中易在高温作用下形成结泥饼，进一步影响盾构机的掘进效率。

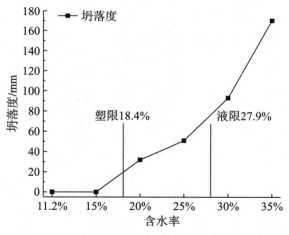

图4-12　不同含水率泥质粉砂岩坍落度

1）坍落度测试结果

含水率的大小对泥质粉砂岩的坍落度有重要影响，设置含水率分别为18%、20%、22%三种。改良剂添加比渣土坍落度测试见表4-4，结果见图4-13。

表 4-4　中风化泥质粉砂岩渣土改良工况

工况	改良剂	添加比 /%						
		A	B	C	D	E	F	G
工况 1	泡沫	2	4	6	8	10	12	14
	膨润土泥浆	0	0	0	0	0	0	0
工况 2	泡沫	0	0	0	0	0	0	0
	膨润土泥浆	2	4	6	8	10	12	14
工况 3	泡沫	0.4	0.8	1.2	1.6	2.0	2.4	2.8
	膨润土泥浆	1.6	3.2	4.8	6.4	8	9.6	11.2
工况 4	泡沫	0.8	1.6	2.4	3.2	4.0	4.8	5.6
	膨润土泥浆	1.2	2.4	3.6	4.8	6	7.2	8.4
工况 5	泡沫	1.2	2.4	3.6	4.8	6	7.2	8.4
	膨润土泥浆	0.8	1.6	2.4	3.2	4.0	4.8	5.6
工况 6	泡沫	1.6	3.2	4.8	6.4	8	9.6	11.2
	膨润土泥浆	0.4	0.8	1.2	1.6	2.0	2.4	2.8

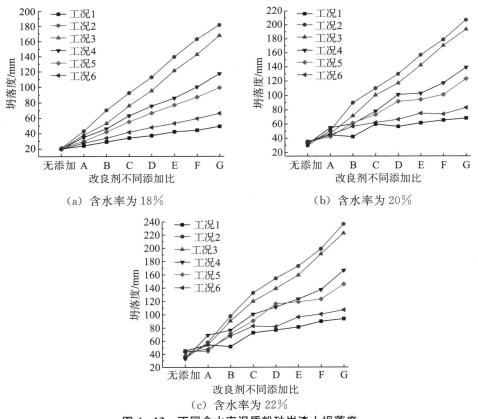

（a）含水率为 18%　　　　　（b）含水率为 20%

（c）含水率为 22%

图 4-13　不同含水率泥质粉砂岩渣土坍落度

通过对中风化泥质粉砂岩不同含水率18％、20％、22％下的坍落度试验可知，随改良剂添加比增加，坍落度整体上呈增加趋势。对比工况可知，膨润土泥浆对渣土坍落度的影响大于泡沫剂。当中风化泥质粉砂岩含水率18％时，坍落度为2.0～18.1cm；当中风化泥质粉砂岩含水率20％时，坍落度为3.0～20.7cm；当中风化泥质粉砂岩22％时，坍落度为3.3～23.7cm。

研究表明，泥质粉砂岩的坍落度数值在17～20cm比较合适，分析各含水率下的坍落度数值可得表4-5所示的改良剂合理添加比。由表易知，不同含水率18％、20％、22％下改良剂添加比较接近，因此建议现场盾构推进时通过注水将中风化泥质粉砂岩的含水率调至20％左右。

表4-5　渣土坍落度数值在17～20cm改良剂添加比

土体	改良剂	添加比/％
含水率18％中风化泥质粉砂岩	全膨润土泥浆	12.9～14.0
含水率20％中风化泥质粉砂岩	全膨润土泥浆	9.9～12.0
	膨润土泥浆：泡沫=4：1	10.8～12.6
含水率22％中风化泥质粉砂岩	全膨润土泥浆	11.4～13.8
	膨润土泥浆：泡沫=4：1	12.0～14.0

4.3.3　复合地层改良剂添加比

利用砾砂和中风化泥质粉砂岩的改良剂的合理添加比，对刀盘面积范围内不同土层厚度比的复合地层开展坍落度试验，分别设置砾砂：中风化泥质粉砂岩为1：3，砾砂：中风化泥质粉砂岩为1：1，砾砂：中风化泥质粉砂岩为3：1三种类型复合地层，将中风化泥质粉砂岩的含水率分别设置为18％、20％、22％，将砾砂的含水率设置为饱和含水率，计算可得各类复合地层各改良剂添加比见表4-6。各类复合地层渣土坍落度值分布见图4-14。由图可知，大部分坍落度值分布在合理坍落度170～200mm之间，说明改良剂添加比是合理的。

表4-6　各类复合地层改良剂添加比

地层类别	中风化泥质粉砂岩含水率/％	泡沫添加比/％	膨润土泥浆添加比/％
砾砂：中风化泥质粉砂岩=1：3		0.8～1.1	10.5～11.5
砾砂：中风化泥质粉砂岩=1：1	18	2.0～2.8	7.0～7.7
砾砂：中风化泥质粉砂岩=3：1		3.2～4.5	3.4～3.9

地层类别	中风化泥质粉砂岩含水率／％	泡沫添加比／％	膨润土泥浆添加比／％
砾砂∶中风化泥质粉砂岩＝1∶3	20	0.8～1.1	8.1～9.9
		2.5～3.1	7.1～8.3
砾砂∶中风化泥质粉砂岩＝1∶1		2.0～2.8	5.5～6.7
		3.1～4.1	4.8～5.7
砾砂∶中风化泥质粉砂岩＝3∶1		3.2～4.5	2.8～3.5
		3.6～5.0	2.5～3.1
砾砂∶中风化泥质粉砂岩＝1∶3	22	0.8～1.1	9.3～11.3
		2.7～3.4	7.9～9.3
砾砂∶中风化泥质粉砂岩＝1∶1		2.0～2.8	6.2～7.6
		3.2～4.2	5.3～6.4
砾砂∶中风化泥质粉砂岩＝3∶1		3.2～4.5	3.1～3.9
		3.7～5.0	2.7～3.4

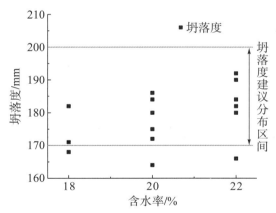

图 4－14　各类复合地层渣土坍落度值分布

4.4　渣土改良的工程应用

叶新宇推导了考虑盾构机的发泡特点、土体松散性以及土仓压力等因素的泡沫剂消耗公式，每环消耗的泡沫剂体积 V'_g 的计算公式如下：

$$V'_g = \frac{K}{N}\left[\frac{P'}{P_a}\left(\frac{\pi D^2 L\xi FIR}{4}-1\right)+1\right]$$

式中，P_a 为大气压，kPa；P' 为土仓压力，kPa；K 为泡沫剂溶液浓度；N 为施工时的泡沫剂溶液发泡率；D 为盾构开挖直径，m；L 为每环管片宽度，m；ξ 为土体的松散系数，当掘进断面为复合地层，取刀盘所在两个地层面积进行加权；FIR 为泡沫添加比。

各参数根据现场施工情况确定，泡沫消耗体积计算各参数取值情况见表 4-7。土仓压力通过考虑地层特点、刀盘开口率确定，土体松散系数根据施工经验确定，计算可得盾构施工渣土改良指导参数见表 4-8。全中风化泥质粉砂岩中掘进过程中注水量使岩层含水率达 20%。砾砂的透水性较强，盾构机复合地层掘进时无法控制土体含水量，在复合地层中掘进时注水量不应超过表中数值。

表 4-7 各类地层盾构掘进泡沫消耗量计算参数

地层类别	P'/bar①	P_a/bar	ξ	N	K/%	L/m	D/m	FIR/%
全中风化泥质粉砂岩	1.85	1.01	1.37	15	3	1.5	6.28	0
	1.85	1.01	1.37	15	3	1.5	6.28	2.2~2.5
砾砂:中风化泥质粉砂岩=1:3	1.95	1.01	1.31	15	3	1.5	6.28	2.5~3.1
	1.95	1.01	1.31	15	3	1.5	6.28	0.8~1.1
砾砂:中风化泥质粉砂岩=1:1	1.92	1.01	1.23	15	3	1.5	6.28	3.1~4.1
	1.92	1.01	1.23	15	3	1.5	6.28	2.0~2.8
砾砂:中风化泥质粉砂岩=3:1	1.87	1.01	1.15	15	3	1.5	6.28	3.6~5.0
	1.87	1.01	1.15	15	3	1.5	6.28	3.2~4.5
全砾砂	1.99	1.01	1.09	15	3	1.5	6.28	4.0~5.6
	1.99	1.01	1.09	15	3	1.5	6.28	4.0~5.6

表 4-8 盾构施工渣土改良指导参数

地层类别	泡沫添加量/L	膨润土泥浆用量/m³	注水量/m³
全中风化泥质粉砂岩	0	6.3~7.6	8.6
	51.1~58.1	5.5~6.4	8.6
砾砂:中风化泥质粉砂岩=1:3	58.6~72.7	4.3~5.1	<6.45
	18.6~25.7	4.9~6.0	<6.45
砾砂:中风化泥质粉砂岩=1:1	67.2~88.9	2.8~3.3	<4.3
	43.3~60.7	3.1~3.8	<4.3
砾砂:中风化泥质粉砂岩=3:1	71.1~98.8	1.3~1.7	<2.15
	63.1~88.9	1.5~1.9	<2.15
全砾砂	79.6~111.6	0.5~0.7	—
	79.6~111.6	0.5~0.7	—

① 注：①压强单位，1bar=0.1Mpa。

第5章　复合地层盾构下穿既有隧道结构沉降规律和控制标准

盾构隧道下穿既有隧道会导致上层既有结构产生沉降变形。当沉降变形超过一定限值后，既有结构会发生开裂甚至影响其正常使用。在新建隧道下穿既有隧道前，制定合理的既有结构安全控制标准极为重要。既有结构的安全控制标准与材料性能、地层条件、水文地质等有极大的关系，但国内现有安全控制标准尚不能与南昌的地质特征完全匹配。因此，本章主要研究复合地层盾构下穿既有隧道结构沉降规律，通过对地层及结构沉降变形与结构失效的关系进行分析，建立适用于南昌地区的既有运营轨道交通区间沉降控制标准。

5.1　新建盾构隧道下穿施工开挖数值模拟

5.1.1　数值模型

由于盾构下穿段开挖面并不完全处于基岩中，开挖断面仍有部分位于透水性较强的粗砂层中，因此地下水对隧道开挖施工的影响是不可忽略的。由于新建隧道与既有隧道并非正交，为保证隧道结构的完整性，数值模型整体水平投影为平行四边形。考虑数值模型的边界效应，并保证完全模拟施工开挖对既有隧道的影响。数值模型尺寸为51.78m×51.78m×40m，见图5-1。

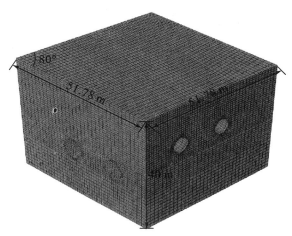

图5-1　数值模型尺寸图

数值模型所包括的隧道结构分为既有隧道和新建盾构隧道两个部分。既有 2 号线隧道仍为盾构隧道，隧道管片外径 6m，管片厚度 300mm，隧道埋深为 11.1m。新建盾构隧道管片外径 6m，管片厚度 300mm，每环幅宽 1.5m，隧道埋深为 21.2m，两隧道的水平交角为 80°，竖向净距为 4.0m。既有隧道及新建隧道长度均为 51m（34 环管片），二者相交与隧道中部。两隧道关系如图 5-2 所示。

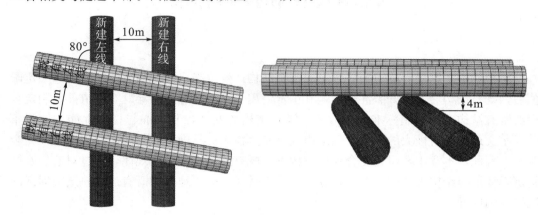

图 5-2 交叉隧道关系图

掌子面土压仓平衡力数值采用既有隧道的地层初始地应力场平衡后，掌子面沿隧道纵向的应力值；盾构机前部盾壳外径为 6.28m，厚度为 20mm，长度为 10.5m（7 环）；管片和注浆层位于盾壳尾部，管片外径 6m，注浆层厚度 0.14m，数值模拟过程不考虑注浆的时效性。盾构机的开挖与支护如图 5-3 所示。

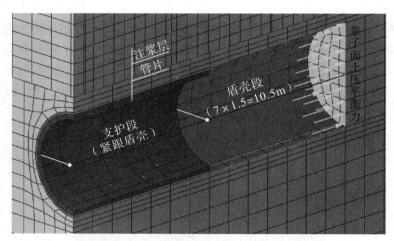

图 5-3 盾构机的开挖与支护模拟图

下穿段盾构掌子面平均由 25% 粗砂、25% 强风化泥质粉砂岩、50% 中风化泥质粉砂岩组成。新建隧道上方土体采用下穿断面处地层分布进行简化，主要包含素填土、粉质黏土、细沙、中砂和粗砂。经简化后的地层分布见图 5-4。根据地质勘察资料，该区域地下水位线为 4m。

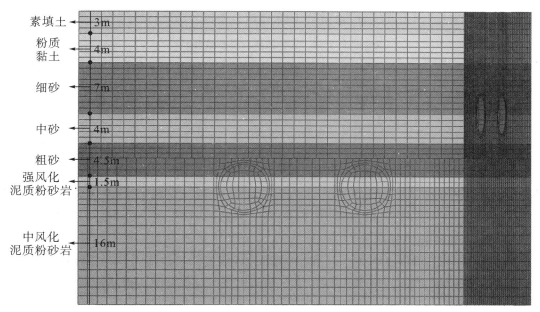

图 5—4 地层分布图

5.1.2 数值模拟参数

1）地层参数

岩土体本构采用摩尔-库仑模型，根据地质勘察资料及相关室内试验，岩土体的材料参数见表 5—1。

表 5—1 地层材料参数表

土层	重度 /(kN·m⁻³)	黏聚力 /kPa	内摩擦角 /°	变形模量 /MPa	泊松比	孔隙比	渗透系数 /(m·d⁻¹)
素填土	18.4	12	10	15	0.43	0.9	5
粉质黏土	19.3	40	12	18	0.43	0.8	0.004
细砂	19.6	2	28	35	0.3	1.7	15
中砂	19.7	1	31	38	0.3	1.7	40
粗砂	19.8	1	34	40	0.3	1.7	60
强风化泥质粉砂岩	20.2	120	25	100	0.32	0.5	0.8
中风化泥质粉砂岩	23.9	350	32	200	0.27	0.3	0.1

2）支护结构

既有盾构隧道与新建盾构隧道管片均采用 C50 混凝土浇筑，抗渗等级为 P12，考虑到管片环之间的接头效应，对其刚度进行折减，环向折减系数取 0.8，纵向折减系数取 0.2。盾构管片壁后注浆层采用速凝水泥砂浆进行灌注，考虑到水泥砂浆的凝固具有时效性，因此将注浆层的强度分为软和硬两个阶段。各部分结构材料参数见表 5-2。

表 5-2　支护结构材料参数表

结构	重度 /(kN·m⁻³)	弹性模量 /MPa	泊松比	黏聚力 /kPa	内摩擦角 /°
管片	25.0	$2.76×10^4$（环向）	0.2	3180	54.9
		$0.69×10^4$（纵向）			
注浆层	24.0	$1.0×10^3$（硬）	0.3	400	45
		$0.5×10^3$（软）			
盾壳	77.4	$2.10×10^5$	0.31	—	—

3）边界条件和接触

模型整体为六面体（图 5-5），四个侧面边界设置法向位移为 0，边界为透水边界并设置固定孔隙水压力；模型底部限制 Z 方向位移，且设置为不透水边界。模型顶面往下 4m 处为地下水位线，此处初始孔压为 0。考虑土压平衡盾构机的土压舱密封良好，所有开挖面均设置为不透水边界。

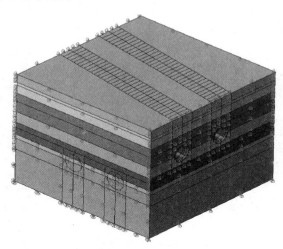

图 5-5　边界条件约束

5.2　计算结果分析

5.2.1　地表沉降变形分析

为研究新建隧道在下穿既有隧道过程中整个区域地表沉降变形的规律，将整个模型的地层区域沿新建隧道开挖方向分为无既有隧道段、既有隧道段、既有隧道裹挟段三部分，又在这三部分中设置 5 个特征断面，见图 5-6。

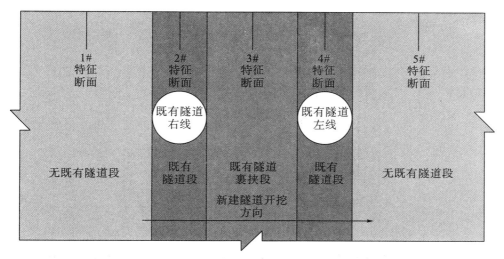

图 5-6　地层区域分段图

分别提取 5 个特征断面在新建右线下穿既有右线、新建右线下穿既有左线、新建右线开挖完毕、新建左线下穿既有右线、新建左线下穿既有左线和新建左线开挖完毕 6 个时间点的地表沉降曲线，见图 5-7。

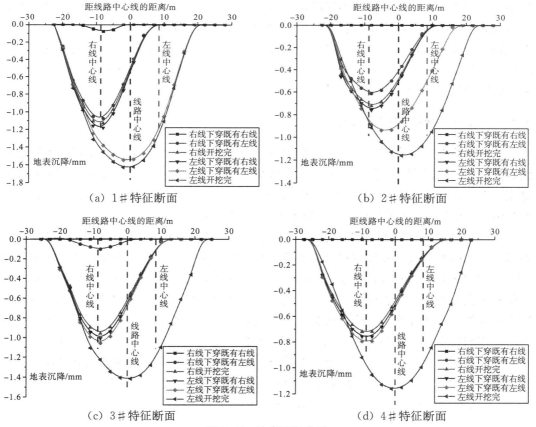

图 5-7　地表沉降曲线

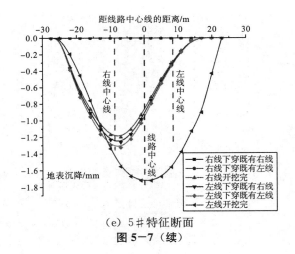

(e) 5♯特征断面

图 5-7（续）

从地表的最终沉降值来看，位于既有隧道段的 2♯、4♯ 特征断面沉降值最小，位于既有隧道裹挟段的 3♯ 特征断面次之，沉降值最大的是位于无既有隧道段的 1♯、5♯ 特征断面。这是由于既有隧道的存在对其上方的土层起到了保护作用，其削弱了下部新建隧道开挖对上部土层的影响。

从各断面地表沉降值的响应过程来看，当新建右线隧道开挖完毕后，地表形成以右线中心线对称的沉降槽；随着左线隧道的开挖，由于左右线隧道中心线相距仅为 16m，左右线开挖所引起的地表沉降相互叠加，最后形成了以线路中心线对称的沉降槽。通过对比特征断面所处位置以及隧道开挖面的位置，发现地表沉降响应较隧道的开挖有一定的滞后。当隧道开挖至特征断面处时，该处的地表沉降响应并不明显；当开挖面通过该处一段距离后，该处才出现明显的沉降响应。

5.2.2　既有区间结构沉降分析

新建隧道穿过既有隧道后，既有隧道在下穿部位出现了明显的沉降变形。当新建右线隧道贯通后，既有右线隧道结构最大沉降变形为 2.81mm，既有左线隧道结构最大沉降变形为 2.88mm；当新建左线隧道贯通后，既有右线隧道结构最大沉降变形为 2.49mm，既有左线隧道结构最大沉降变形为 2.55mm。

进一步分析既有隧道结构沉降变形的特征，分别提取新建右线隧道贯通和新建左线隧道贯通后既有右线、左线隧道结构底部得竖向位移值，绘制沉降变形曲线，如图5-8所示。对比既有隧道右线及左线的结构沉降变形曲线，可以发现左右线结构的沉降变形特征几乎没有差别。当新建隧道右线贯通后，既有结构的沉降变形曲线呈"V"形，沉降变形的峰值位于新建右线中心线处，并沿既有隧道向两侧衰减，最后甚至出现上抬的现象。当新建左线贯通后，左右线影响范围叠加，既有结构原有的"V"形沉降变形曲线最后发展为"W"形。并且在新建左线隧道贯通后，新建隧道左线处既有结构下沉仍会产生"上抬效应"，新建右线隧道处的既有结构沉降变形值即因此缩小（既有右线由 2.81mm 变为 2.49mm，既有左线由 2.88mm 变为 2.55mm）。

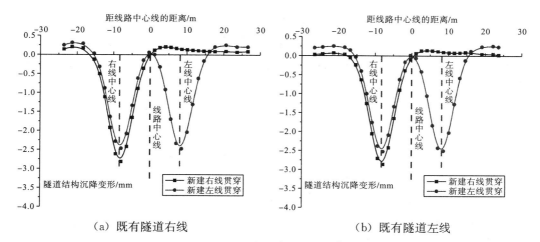

（a）既有隧道右线　　　　　　　　（b）既有隧道左线

图 5－8　既有隧道结构底部沉降变形曲线

　　将位于新建隧道右线、左线和线路中心线处的既有隧道管片环分别命名为右环、左环和中环。根据上文的分析既有隧道结构最大沉降出现在新建隧道右线或左线的中心线处（即右环和左环底部），右环和左环的底部沉降随隧道开挖的变化情况如图 5－9 所示。左环及右环的沉降变化主要集中在支护段穿越右环和左环的第 17～31 和第 51～63 开挖步，在其余开挖步无明显变化。

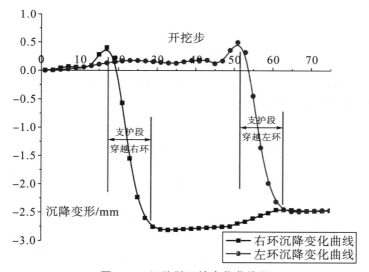

图 5－9　沉降随开挖变化曲线图

　　综合以上分析，可以得到以下结论：新建隧道开挖过程中，既有隧道结构底部沉降变形的风险点位于新建隧道右线和左线中心线处（即左环及右环底部），且沉降主要发生在新建隧道支护段穿越既有隧道结构的这一时间段内。

5.2.3　既有区间结构内力分析

　　1）管片内力分析

　　根据前文对既有区间结构沉降变形的分析结果，结合结构变形与内力的关系，提取位于既有区间结构"W"形沉降变形曲线峰值处三环管片（即左环、中环和右环）的内力进行分析，见图5—10和图5—11。三环管片所受弯矩及轴力的分布形态是一致的，弯矩的最大值均出现在管片环的顶部，最小值均位于管片环的腰部；而轴力的最小值均出现在管片环的顶部，最大值却位于管片环的腰部。

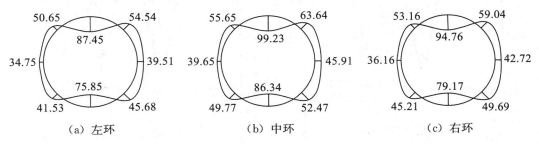

图5—10　开挖完成后管片弯矩图（单位：kN·m）

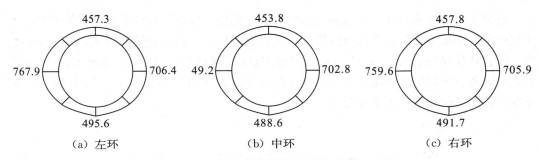

图5—11　开挖完成后管片轴力图（单位：kN）

为评价管片环各截面的安全性，采用《公路隧道设计规范》中衬砌结构安全系数计算方法对盾构管片环的各截面进行计算。三环管片安全系数的分布如图5—12所示。三环管片的安全系数分布形态也是一致的，安全系数的最小值均出现在管片环的顶部。因此，既有隧道管片环受力最不利的位置位于管片环的顶部。

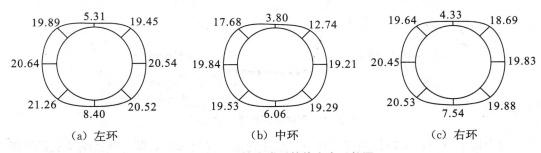

图5—12　开挖完成后管片安全系数图

图5—13和图5—14为既有隧道结构三环管片顶部截面弯矩、轴力随新建隧道开挖的变化情况。在支护段穿越右环的过程中，右环及中环管片顶部弯矩减小，而后又随着支护段的远离缓慢增大，左环的顶部弯矩在此过程中几乎没有变化；在支护段穿越左环的过程中，左环及中环管片顶部弯矩减小，而后又随着支护段的远离缓慢增大，右环的顶部弯矩在此过程中几乎没有变化。

在支护段穿越右环的过程中，右环及中环管片顶部轴力增大，而后又随着支护段的远离缓慢减小，左环的顶部轴力在此过程中几乎没有变化；在支护段穿越左环的过程中，左环及中环管片顶部轴力增大，而后又随着支护段的远离缓慢减小，右环的顶部轴力在此过程中几乎没有变化。这是由于新建隧道支护段穿过既有隧道时新建隧道处土层的缺失对既有隧道周围土体产生扰动，既有隧道结构受到"卸荷"作用；而当支护段远离既有结构时，该"卸荷"作用逐渐减小，结构受力又向初始状态发展。

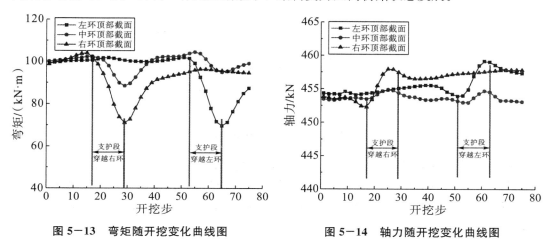

图 5-13　弯矩随开挖变化曲线图　　　图 5-14　轴力随开挖变化曲线图

总的来说，受盾构开挖影响，既有隧道管片环顶部截面弯矩值减小、轴力值增大，因此，新建隧道开挖对管片环受力的影响是有利的。

2）纵向受力分析

由材料力学知识可知，当等截面直梁弯曲变形时，挠度曲率最大处其弯矩值最大。由既有隧道结构"W"形沉降变形曲线可以判断，在左环、中环和右环的三个峰值截面处存在既有隧道结构最大纵向弯矩。考虑到混凝土结构抗压不抗拉的特性，既有隧道结构纵向受力最不利的位置应该位于三个峰值截面的受拉端，即左环和右环底部、中环顶部。

图 5-15 为三个峰值截面受拉端应力随新建隧道开挖的变化情况。在支护段穿越右环的过程中，右环及中环截面所受拉应力增大，而左环的顶部弯矩在此过程中几乎没有变化；在支护段穿越左环的过程中，左环及中环管片顶部弯矩减小，而后又随着支护段的远离缓慢增大，右环的顶部弯矩在此过程中几乎没有变化。总的来看，受新建隧道开挖的影响，三个部位的拉应力均有所增大，但中环截面上端拉应力的增量远小于右环和左环截面下端拉应力增量，且应力变化主要集中在新建隧道支护段穿越既有隧道结构的过程中。

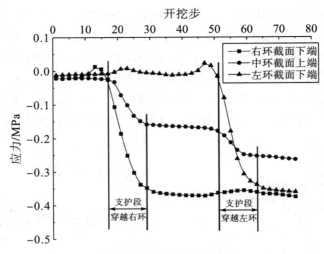

图 5-15　应力变化曲线图

　　综上所述，可得到以下结论：新建隧道的开挖对既有隧道结构横向受力是有利的，但对其纵向受力是不利的。新建隧道结构受力最不利的位置位于右环及左环底部，随着新建隧道的开挖，这两处均出现了较大的拉应力增量，且该拉应力的增大集中出现在新建隧道支护段穿越既有隧道结构这一时间段内。

5.3　既有区间隧道结构沉降控制标准

5.3.1　最大沉降与最大拉应力的关系

　　通过建立既有区间隧道最大沉降变形与所受最大拉应力之间的关系，并结合混凝土承载能力，最终得出既有运营轨道交通沉降控制标准。

　　根据前文的研究结果，为研究既有隧道结构最大拉应力与最大沉降之间的关系，分别对第 17~31 开挖步既有隧道"右环"管片底部沉降、拉应力及第 51~63 开挖步既有隧道"左环"管片底部沉降、拉应力进行回归拟合。

　　第 17~31 开挖步，提取右环管片底部沉降及拉应力进行分析，所得拟合曲线如图 5-16 所示，可见管片底部拉应力随沉降的增大而增大。拟合曲线的公式为：$y = 0.0112x^2 + 0.0564x + 0.09$（相关性系数 R^2 为 0.991，说明相关性极强）。其中，y 表示右环管片底部拉应力，x 表示右环管片底部沉降值。

　　第 51~63 开挖步，提取左环管片底部沉降及拉应力进行分析，所得拟合曲线如图 5-17 所示，可见管片底部拉应力随沉降的增大而增大。拟合曲线的公式为：$y = 0.0125x^2 + 0.0675x + 0.0836$（相关性系数 R^2 为 0.999，说明相关性较强）。其中，y 表示右环管片底部拉应力，x 表示右环管片底部沉降值。

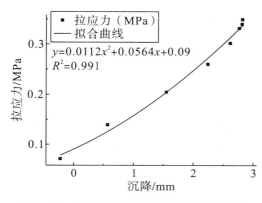
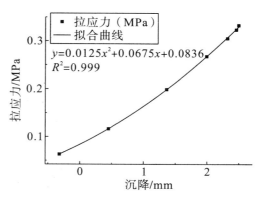

图 5-16 右环管片沉降与拉应力拟合曲线　　图 5-17 左环管片沉降与拉应力拟合曲线

综上，既有隧道管片环所受最大拉应力与最大沉降的关系为：

$$\sigma_{\max} = \max\left\{ y_1, y_2 \left| \begin{array}{l} y_1 = 0.0112x_1^2 + 0.0564x_1 + 0.0900 \\ y_2 = 0.0125x_2^2 + 0.0675x_2 + 0.0836 \end{array} \right| \begin{array}{l} x_1 \geq 0 \\ x_2 \geq 0 \end{array} \right\}$$

式中，$\sigma_{\max}$ 为既有隧道管片环所受最大拉应力；y_1 为右环管片底部拉应力最大值；y_2 为左环管片底部拉应力最大值；x_1 为右环管片底部最大沉降；x_2 为左环管片底部最大沉降。

5.3.2 沉降控制标准的确定

1）综合折减系数

既有隧道结构作为城市地铁结构的最外侧部分，随着地铁运营时间的在增长，在水土等环境作用下，不可避免地会出现各种各样的病害或损伤，这必然会导致结构的承载能力降低。根据对既有隧道结构现状的评估结果，采用对各风险等级赋值的方法，将评估结果单值化，以确定既有隧道结构在当前情况下的综合折减系数。既有隧道结构现状的隶属度向量为：

$$\boldsymbol{R}_3^2 = \begin{bmatrix} 0 & 0.153 & 0.751 & 0.096 \end{bmatrix}$$

根据单值化原则，对此隶属度向量进行处理。通过查询相关文献，对既有隧道结构在各等级下所赋予的折减系数见表 5-3。

表 5-3 折减系数分级表

影响等级	Ⅰ	Ⅱ	Ⅲ	Ⅳ
安全状况	不安全	较不安全	较安全	安全
折减系数	0.4	0.6	0.8	1.0

因此，既有隧道结构在当前情况下的综合折减系数为：

$$\gamma = \frac{0 \times 0.4 + 0.153 \times 0.6 + 0.751 \times 0.8 + 0.096 \times 1.0}{0 + 0.153 + 0.751 + 0.096} = 0.787$$

2）沉降控制值

根据《混凝土结构设计规范》，C50 混凝土的抗拉强度为 1.89MPa。结合既有隧道最大拉应力与最大沉降的关系式，代入该值后，计算得到理论沉降控制值，再采用综合折减系数对该理论值进行修正，得到最后的沉降控制值为：

$$S_{max} = \gamma_{min} \left\{ x_1, x_2 \left| \begin{array}{l} 1.89 = 0.0112x_1^2 + 0.0564x_1 + 0.0900 \\ 1.89 = 0.0125x_2^2 + 0.0675x_2 + 0.0836 \end{array} \right| \begin{array}{l} x_1 \geqslant 0 \\ x_2 \geqslant 0 \end{array} \right\} = 7.55mm$$

3）沉降控制标准

通过参考相关工程资料，取沉降变形报警值为控制值的 80%，预警值为控制值的 60%。在预留一定的安全储备后，得到表 5-4 所示的既有隧道结构沉降控制标准。

表 5-4 既有隧道结构沉降控制标准

控制指标	预警值/mm	报警值/mm	控制值/mm
管片沉降变形	4.2	5.6	7

第6章　盾构下穿既有车站人工地层冻结法施工技术

以南昌市轨道交通 4 号线区间下穿既有车站清障工程依托，提出人工地层冻结法下穿车站施工技术，详细说明了冻结加固设计、冻结孔钻孔、开挖施工、初期支护、障碍物破除、地连墙拆除、地层融沉注浆、冻结孔封孔以及施工监测等各步施工方案。同时结合数值模型，重点分析了既有车站中柱处纵截面和新建左线隧道纵截面各个冻结期内的温度场发展规律、冻胀规律和融沉规律。

6.1　工程概况

南昌市轨道交通 4 号线 2 标六工区清障井冻结法施工工程，盾构将下穿南昌市轨道交通 1 号线丁公路北站，盾构穿越前需凿除盾构推进范围内的原 1 号线车站地下连续墙，1 号线地连墙凿除底标高为 −3.910m，地连墙厚度为 1000mm。上行线穿越南、北端地连墙洞口中心标高分别为 −2.447m、−1.933m，地面标高为 +19.800m，两洞口中心间距 19.680m。本工程风险等级为一级。

根据相关资料可知，1 号线车站北侧有 110kV 供电管箱涵、DN1800 合流管。在 4 号线车站内打冻结管，受管线影响，冻结壁长度延长到管线箱涵空隙处，为南侧、北侧地连墙清障形成冻结工作面，而后清理盾构推进范围内的地连墙，清障通道和地下连续墙洞口设计净直径 7.1m。为保证施工期间 1 号线轨道交通正常运营和施工安全，决定采用冻结法加固地层，以矿山暗挖法施工，以减轻对 1 号线轨道交通及地面环境的影响。

6.2　冻结加固设计

6.2.1　冻结壁设计

水平冻结壁设计厚度下部≥2.0m，上部≥2.5m。垂直冻结壁设计厚度≥2.4m，冻土平均温度≤−10℃；冻结壁交圈后的温度分布可简化为稳态温度场计算。冻结壁纵、横剖面图分别见图 6−1 和图 6−2。

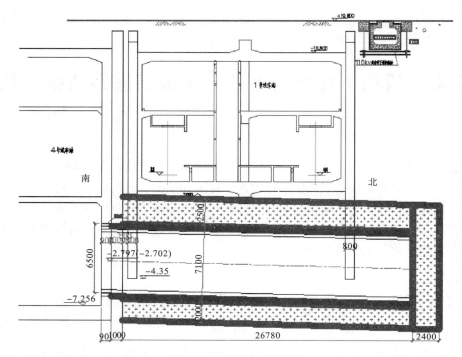

图 6-1 冻结壁纵剖面图

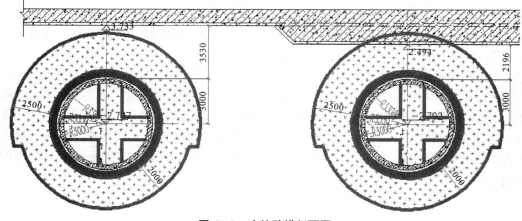

图 6-2 冻结壁横剖面图

6.2.2 孔位设计

1）冻结孔布置

冻结孔的布置采取地面垂直冻结孔施工＋清障通道工作井内水平冻结孔施工。单个隧道共设冻结孔 100 个，其中垂直冻结孔 31 个，水平冻结孔 69 个。垂直冻结孔剖面示意图见图 6-3，水平冻结孔平面示意图见图 6-4。

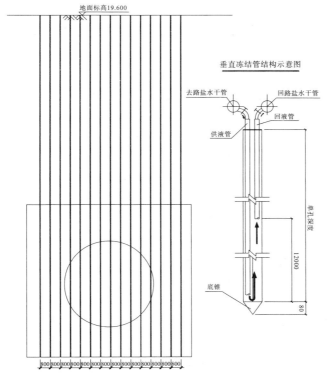

图 6-3　垂直冻结孔剖面示意图

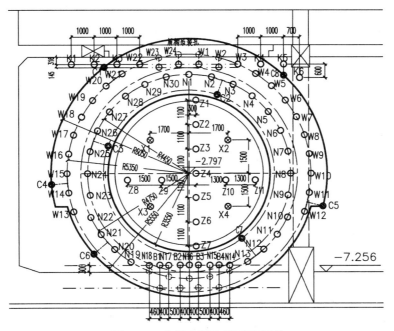

图 6-4　水平冻结孔平面示意图

施工技术要求如下：

冻结孔开孔位置误差不大于 50mm，遇特殊结构处开孔位置误差不大于 100mm，开孔间距误差不大于 150mm。

冻结孔最大偏斜不应超过 150mm；如超过此规定，需逐一复核所有终孔间距，绘制实际成孔图提交设计单位复核。

钻孔施工前，先安装 ϕ146 孔口管，再装上 DN125 球阀，然后装上 ϕ108 配套的密封装置，最后打开球阀进行钻进；施工冻结孔时的土体流失量不得大于冻结孔体积，否则应及时进行注浆控制地层沉降。

水平冻结管用 ϕ108×10mm 低碳钢无缝钢管（GB 8163），冻结管采用内衬管箍加丝扣的焊接方式连接，抗拉强度不低于母管的 75％；垂直冻结管用 ϕ127×8mm 低碳钢无缝钢管（GB 8163），并采用加内衬管的对焊连接接头。

冻结管下入地层后必须进行试压。试验压力应为冻结工作面盐水压力的 2 倍，且不宜低于 0.80MPa。经试压 30min 压力下降不应超过 0.05MPa，再延续 15min 压力保持不变为合格。

钻孔施工结束，应根据冻结孔实际开孔位置和偏斜数据绘制冻结孔成孔图，以冻结孔控制间距作为是否需要补孔的依据之一。

2）测温孔布置

单侧清障通道测温孔布置 11 个，其中垂直测温孔 3 个，水平测温孔 8 个。布置原则是布置在冻结薄弱环节，目的主要是测量冻结帷幕范围不同部位的温度发展状况，以便综合采用相应控制措施，确保施工的安全。

测温孔选用 ϕ108×10mm 无缝钢管，跟管钻进，完成后，前端上丝堵密封，防止地层中水流入测温孔中，测温采用智能化可视测温系统，康铜线辅助检测，每根测温管内布置 3~5 个测点，电子信息实时监控，测温报表每天一次上报。

3）卸压孔布置

清障通道卸压孔布置 8 个，在冻结帷幕封闭区域内各清障通道在内部均布置 4 个卸压孔。在卸压孔上安装压力表，可以很直观地监测冻结帷幕内的压力变化情况，通过每日观测，及时判断冻结帷幕的形成，并可直接释放冻胀压力。

卸压管选用 ϕ108×10mm 无缝钢管，进入土体段管壁上钻若干孔，呈梅花状分布，以确保冻结帷幕内的压力有效传递。

4）温控孔布置

单侧清障通道温控孔布置 14 个，水平 6 个，垂直 8 个，依据实际钻孔分布合理在冻结帷幕封闭区域边界设置温控孔位置。通过每日温度及环境监测，控制冻胀压力，尽量减小冻涨对 1 号线车站底板的影响。

6.2.3　制冷设计

冻结孔单孔流量不小于 5m³/h；积极冻结 7 天盐水温度降至−18℃以下；积极冻结 15 天盐水温度降至−24℃以下；开挖时盐水温度降至−28℃以下，去、回路盐水温差不大于 2℃。如盐水温度和盐水流量达不到设计要求，应延长积极冻结时间。清障通道设计积极冻结时间暂定 50 天（实际积极冻结时间要依据实际冻结情况而定）。施工过程中，应加强测温孔、泄压孔、辅助探孔、盐水的温度、压力等状况监测，并以实测情况来判断冻结帷幕形成状况。维护冻结期盐水温度为不高于－25℃，温差不大于 2℃，维护冻结时间为达到设计加固效果后至主体结构施工完成。主要冻结技术设计参数表见表 6－1。

表 6－1　主要冻结技术设计参数表

序号	名称	单位	数量	备注
1	水平冻结壁厚度	m	≥2.5	下部基岩处≥2.0m
2	垂直冻结壁厚度	m	≥2.4	
3	冻结墙平均温度	℃	≤－10	
4	冻结帷幕交圈时间	天	23～28	
5	最低盐水温度	℃	－30～－28	冻结 7d 达到－18℃
6	单孔盐水流量	m^3/h	5～8	
7	积极冻结时间	d	50	根据监测再定
8	冻结孔	个	100	
9	单排冻结孔成孔控制间距	m	1.2	
10	冻结孔允许偏斜	mm	150	
11	冻结管规格	mm	$\phi108/\phi127$	低碳无缝钢管
12	测温孔	个	11	$\phi108$ 低碳无缝钢管
13	冻结管总长度	m	2778.7	单个通道
14	冻结总需冷量	10^4kcal/h	33.527	工况条件

根据冻结设计可知，通道需冷量为：

单个隧道水平冻结需冷量 29.008×10^4kcal/h，水平冻结站选用 TBSD620.1JF 冷冻机组 2 台，单台机组设计工况制冷量为 12.9×10^4kcal/h，武汉冷冻机 JYSLGF300Ⅲ型机组 2 台（1 台备用），单台机组设计工况制冷量为 8.75×10^4kcal/h，完全满足单个隧道水平冻结需求。

单侧隧道垂直冻结需冷量 6.750×10^4kcal/h，垂直冻结站选用 TBSD620.1JF 冷冻机组 2 台，1 台武汉冷冻机 JYSLGF300Ⅲ型机组（备用），TBSD620.1JF 单台机组设计工况制冷量为 12.9×10^4kcal/h，备用机制冷量为 8.75×10^4kcal/h，完全满足两个通道同时垂直冻结需求。

在丁公路北站北端头东侧地面设置水平冻结站和水平冻结站。水平冻结站设置两个，选用 TBSD620.1JF 冷冻机组 4 台，武汉冷冻机 JYSLGF300Ⅲ型机组 4 台（2 台备用）。盐水循环泵选用 IS200－150－315 型 4 台，左、右线分别用 1 台备 1 台，流量 400m^3/h。冷却水循环选用 IS150－125－315 型 4 台，备用 2 台，流量 200m^3/h。垂直冻结站设置一个，选用 TBSD620.1JF 冷冻机组 2 台，JYSLGF300Ⅲ型机备用 1 台。盐水循环泵选用 IS200－150－315 型 2 台，左、右线分别用 1 台备 1 台，流量 400m^3/h。冷却水循环选用 IS150－125－315 型 2 台，备用 1 台，流量 200m^3/h。主要冻结设备统计见表 6－2。

表6-2 主要冻结设备统计表

序号	设备名称	数量	型号	单台设备功率/kW	备注
1	水平冻结冷冻机组	4台	TBSD620.1JF	169	
2	水平冻结冷冻机组	4台	JYSLGF300Ⅲ	110	2台备用
3	垂直冻结冷冻机组	2台	TBSD620.1JF	169	
4	垂直冻结冷冻机组	1台	JYSLGF300Ⅲ	110	备用
5	盐水泵	2台	IS200-150-315	55	
6	盐水泵	2台	IS200-150-250	37	备用
7	盐水泵	2台	IS150-125-315	30	1备用
8	清水泵	1台	IS200-150-315A	45	
9	清水泵	5台	IS150-125-315	30	3台备用
10	冷却塔	6台	LCT-100T	4	中板
11	冷却塔	2台	LCT-80T	3	地面

管路选择：①供液管选用 $\phi48\times3.5mm$ 钢管，采用焊接连接；②盐水干管选用 $\phi219mm$ 干管和 $\phi159mm$ 干管；③冷却水管地面站选用 $\phi159mm$ 干管，中板冷冻站选用 $\phi219mm$ 干管。

冷冻材料选择：①制冷剂选用氟立昂 F-22；②冷媒剂选用氯化钙（$CaCl_2$）溶液；③冻机油选用 N46 冷冻机油。

6.2.4 冻结验收条件

确定进行开挖之前需结合盐水总去、总回温度、测温孔温度、卸压孔压力、探孔情况等方面的数据综合考虑。清障通道开挖前由施工单位做好冻结效果分析，监理组织预验收，合格后申请建设单位组织开挖条件核查验收。

开挖前探孔检查判定尤其重要，探孔应在最薄弱环节开设，距离冻结孔≥1.0m，无涌水涌砂现象，方可判定冻结区冻结帷幕良好。开挖验收条件要求见表6-3。

表6-3 开挖验收条件要求

项目		数值/现场情况	备注
安装防护门		每个清障通道各一个	
冻结帷幕平均温度		-10℃（冻结壁与地连墙交界面平均温度≤-5℃）	通过成冰公式计算
冻结帷幕厚度		垂直冻结范围冻结壁厚度≥2.4m，水平冻结范围≥2.0m，上部≥2.5m	通过胶圈图绘制计算
盐水温度	积极期	-30~-28℃（盐水最低温度）	用测温仪监测
	维护期	≤-25℃	

项目		数值/现场情况	备注
盐水去、回路温差（包括各支路）	积极期	2℃以内	冻结至设计温度时
	维护期	1.0℃以内	
卸压孔	交圈前	静水压力	通过压力表观测
	交圈后	剧增 0.15~0.3MPa，或者为初始压力 2 倍时	
探孔	开挖前	距冻结孔≥1.0m，深度 0.5m，不少于 2 个，探孔内无涌泥、涌水现象	

6.2.5　冻结施工技术要点

（1）由于冻土抗拉强度低，因此除设计中应尽量降低冻土帷幕所承受的拉应力外，主要做好冻结和开挖的配合工作，要求及时封闭薄弱的冻结壁，并根据开挖后冻结帷幕变形情况及时调整开挖步距和构筑工艺。

（2）为减小土层冻胀，隧道左右对称布置冻结孔，按设计在适当部位设卸压孔，并采用小开孔距，较低盐水温度，较大盐水流量，以加快冻结速度。

（3）在冻土帷幕关键部位、薄弱部位布置测温孔，监测冻土帷幕的形成过程和形成状况。

（4）加强对冻结地层温度、地层沉降的监测，监测信息反馈指导清障通道的冻结施工。

6.3　钻孔施工方案

6.3.1　水平钻孔施工方案

1）施工准备

水通：将给水管接送至施工场地，水量为 10m³/h。

电通：采用甲供高压变电箱处 1 级配电箱作为供电端口，铺设电缆将低压接至冻结站内。

路通：地面道路能允许 25t 吊车和 13m 货车进出施工场地，隧道工作井与清障通道之间采用小型运输车水平运输，施工期间要确保地面场地和通道畅通。

信息通：为保证施工的正常顺利及出现问题后的及时反馈和处理，清障通道开挖施工期间项目管理人员采用 24 小时值班制，对施工的各个环节要起到及时检查和督促作用。

水平钻孔作业平台：水平钻机采用井字型钻机架、手拉葫芦相互配合进行垂直移动。水平钻孔平台采用 100mm 槽钢作为钻机水平移动轨道，非轨道区域采用 φ48mm

架管搭设平台，木板满铺。

2）设备吊运

钻孔设备、钻杆、应急材料等采用 25t 吊车或门式吊车从吊装口吊到井下，搭设在钻孔平台上且摆设规整。

3）冻结孔的定位

依据施工基准点，测量人员利用全站仪从场内基准点找到地连墙隧道盾构出洞的中心点（隧道设计坐标中心点），技术人员使用卷尺、水平尺按照图纸进行定位放线；同时水平冻结孔施工还要放置后视点位置并标注清楚。

4）冻结孔开孔及防喷装置

开孔选用 J－200 型金刚石钻机，配金刚石取芯钻头进行钻孔，深度约 1500mm（连续墙厚 1900mm）。用钢楔楔断岩心、取出后，打入加工好的孔口管（φ146 mm）并用膨胀螺栓焊接固定，每个孔口管要至少有 4 个固定点固定在水泥墙面上。

首先，开孔前要依据测量数据准确定位到放好孔的位置，再利用量角器进行水平角和垂直角定位导向，然后根据连续墙内钢筋位置调整孔位，用开孔器（配金刚石钻头取芯）按设计角度开孔，当开到深度 500mm 时停止钻进，安装孔口管。孔口管的安装方法为：首先将孔口处清理，安好 4 个膨胀螺丝，而后在孔口管的鱼鳞扣上缠绕麻丝或棉丝等密封物抹上水泥浆，将孔口管砸进去，用膨胀螺丝及连接板固定孔口管，孔口管法兰上安装 DN125 的铸钢大球阀。安装好孔口管后将球阀打开，用开孔器从球阀内开孔，贯穿连续墙。这时，如若地层内的泥水流量大，可及时退出开孔器关闭阀门。最后在大球阀上装好密封装置后利用钻机取芯钻杆二次开孔。防喷装置操作要点见图 6－5。

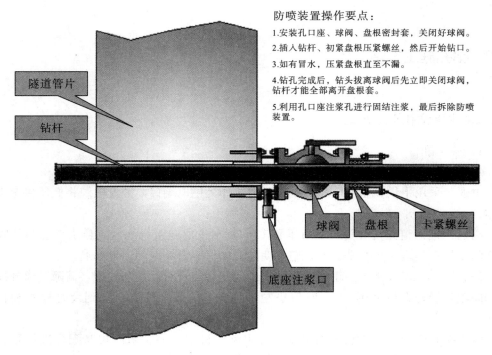

图 6－5 防喷装置操作要点

开孔首先选取腰部以下不在障碍物范围内水平孔（如 N22）进行试验孔钻进，利用成孔测斜质量与设计角度对比分析该地层成孔难易程度及成孔质量，得到结论后，再选取腰部位置障碍物范围内水平冻结孔（如 N24）再次进行试验孔钻进，结合两次试验孔信息，然后再次确定剩余孔开孔定位角度。开孔及钻机选取先上部孔再下部孔方式，冻结孔先行，其次温控孔，再次测温孔，最后泄压孔施工方式。开工前，车站格构柱若还未拆除，钻孔施工时自上往下施工，避开格构柱影响位置，待格构柱拆除后再进行影响范围内钻孔施工。

防喷装置安装控制措施：①孔口管必须加工鱼鳞扣，麻丝或棉丝缠绕紧凑；②孔口管和地连墙固定连接点不得少于 4 个，且焊接牢固；③大球阀安装前要进行检修，保证开关良好；④密封盒内盘根不得少于 5 圈，并压紧密实。

5）钻机定位

钻机定位：钻机钻孔前进行找正，俯仰角度主要利用量角器紧贴钻机底盘，在量角器中心安装指针进行钻机找正，方位角度依据左右线放样基准点，钻机与基准点连线平行找正。

6）冻结孔钻进

水平钻孔设备采用 MD−120A 钻机，配用 BW250 型泥浆泵。以 $\phi 108 \times 10mm$ 冻结管作钻杆；冻结管之间采用套管丝扣连接，接头螺纹紧固后再用手工电弧焊焊接，确保其同心度和焊接强度。水平孔全部施工完成后，再进行地面垂直冻结孔施工，垂直钻孔设备采用 YGL−100 钻机 1 台，配用 BW−450 型泥浆泵，以 $\phi 127 \times 8mm$ 无缝管作为冻结管；水平冻结管之间采用内管箍连接，垂直冻结管采用外管箍连接，连接找正后再用手工电弧焊焊接，确保其水平及垂直度和焊接强度。

每个水平冻结孔钻进前，先根据各孔的具体参数调整钻机，调整好后，孔口密封装置是否完好，达到密封效果后再将冻结管慢慢挺进已安装好的密封装置内，拧紧密封装置的螺栓，再将孔口管上的大球阀打开。利用安装在孔结管上的取芯钻头将剩下的地连墙钻通，取芯后换上复合片钻头再进行正常钻进。冻结管配尺应考虑地层交互，根据地质情况合理选择钻具长度。

正常钻进时，采用四翼合金钻头（根据试验孔探索具体钻头参数），优先采用清水钻进，关闭旁通阀，这样可以减少水土的流失，对控制车站的沉降十分有利。如钻进困难，再采用膨润土调制泥浆钻进。冻结管到达设计深度后冲洗单向阀，并密封冻结管端部。

在钻进过程中，如发生水土流失，可根据每日的监测情况，及时通过安装在孔口管部位的旁通阀对土体进行补压浆，以单液浆为主，以控制钻孔对 1 号线车站底板及周边环境的影响。

钻进过程中严格监测孔斜情况，利用经纬仪测斜，发现偏斜要及时纠偏，下好冻结管后，进行冻结管长度的复测，然后再用灯光测斜仪测斜并绘制钻孔偏斜图。孔偏斜或者间距不符合设计要求的进行补孔处理。在冻结管内下放供液管，并焊接冻结管端盖和去、回路羊角。

7）地层注浆

钻孔完毕后，及时从孔口管处的旁通阀向孔口里注浆，充填孔口管与冻结管之间的间隙，待浆液凝固后，经检测孔口管与冻结管之间缝隙均被浆液填充密实，无泥水渗出后，将球阀和密封盒拆除。同时用 5mm 厚月牙板将孔口管和冻结管之间的缝隙焊接密实。

8）钻孔质量技术要求

短距钻孔终孔的偏斜应控制在 150mm 以内（冻结孔成孔轨迹与设计轨迹之间的距离，实际偏斜依据规范中不同长度的冻结管确定），否则应补孔。为使冻结孔钻孔质量符合要求，可采用如下防偏措施：

（1）在施工第一个冻结孔时，应分析主要地层的钻进过程的各种参数变化情况，并检查地质、水温情况，发现异常，应及时采取有针对性的措施。

（2）确保冻结管加工质量，采用内丝扣螺纹连接，应先进行配管确认冻结管的连接顺直后再钻进。

（3）应采用牢固、稳定好的施工平台。

（4）孔口段冻结管方位、俯仰是影响整根冻结管偏斜的关键。在施工第一节冻结管时，由值班技术员负责校验冻结管的方位、俯仰角度，确保偏差在允许范围内。

（5）在对接冻结管时应保证同心度和冻结管连接后的顺直。

（6）冻结孔钻进深度应不小于设计深度。钻头到达设计长度后停止钻进，不参与制冷循环的长度不大于 150mm。

（7）试压不合格的，可视钻孔情况拔出冻结管进行重新钻孔，或下套管进行处理。

6.3.2 垂直冻结孔施工方案

1）轴线放样

依据盾构推进隧道中心轴线放样在地面相对位置，放出钻孔控制线，并做好标识。

2）施工场地布置

按照设计布放冻结孔初步位置，按尺寸破除路面建造泥浆池。泥浆池完成后根据控制线重新精确布放冻结孔位置。

3）设备选型和钻具组合

钻孔设备：考虑到地层处于③6 圆砾、③5 砾砂、⑤1－2 强风化泥质粉砂岩、⑤1－3 中风化泥质粉砂岩中，钻孔难度较大，故选用钻孔能力较强的 TK－3 型钻机 1 台，电机功率 37kW/台；泥浆循环选用 BW－450 型泥浆泵 1 台，电机功率 30kW/台。

测斜纠偏设备：冻结钻孔使用垂直灯光测斜方式，配备 1 台套水准仪，对冻结管进行测斜。

钻具选择和组合：选用 133mm×133mm 四方钻杆＋φ89mm 钻杆＋φ168mm 石油钻铤＋φ190mm 钻头组成的钻具，钻孔钻进采用回转式钻进泥浆护壁的方法，分班连续作业方式进行施工。

4）泥浆系统

每机配备 1 个泥浆池，再共建一个优质泥浆储备池和一个清水池；泥浆沟长度在

20m 左右，中间设沉淀池，安装砂泵旋流器净化泥浆，以保证泥浆性能。

由于该工程地层较复杂，必须人工配制优质泥浆，贯穿整个施工过程，以满足施工需要。以清水、膨润土、纯碱、聚丙烯腈和聚丙烯酰胺为原料，根据地层不同，调配不同性能的化学泥浆以充分发挥其作用，保护好孔壁。泥浆性能参数见表 6-4。

表 6-4　泥浆性能参数表

地层名称	黏度/S	比重/(g·cm⁻²)	含砂量/%	失水量/(mL/30min)
表　土	20~22	1.10	≤2	<10
风化带	20~24	1.15	≤2	<8~10
基岩段	24~28	1.14	≤2	<15
严重漏浆段	>30	1.20	≤2	—
使用井下动力钻具纠偏时			≤1	—

化学泥浆的配制必须严格按相应的方法及操作程序进行。选取优质黏土，并经试验确定其各项指标。正常钻进时，泥浆性能为比重 1.10~1.15，含砂率不超过 2%，失水量不超过 15mL/30min，胶体率不小于 97%。施工中加强对泥浆性能的监测，经常测定泥浆指标，根据冲积层和基岩的地层特点调整泥浆性能指标，以保证钻孔护壁效果。

泥浆净化采用振动筛＋除砂器＋移动式＋泥浆池成套泥浆处理系统，泥浆处理方便，对物料适应性强，保证泥浆的各项性能指标满足钻孔施工要求。

为了确保泥浆质量，项目部指派专人分管泥浆工作，钻机由机长负责，班长配合进行调整和管理，使用过程中，根据地层及时调整泥浆参数，定期测定泥浆参数并作记录，以保证泥浆的性能指标达到规定要求。

4）开孔和正常钻进

造孔临建和设备安装完成后开钻。开钻前，每机要制备不低于 3m³ 的优质泥浆备用，保证正常开孔钻进；要对钻机认真找正，使转盘中心、钻孔中心和钻塔提升中心重合，钻机底盘和基础间隙要垫实，确保开孔垂直度。开孔时，先开泵送浆、吊紧钻具，开机采用低档慢进尺。

开孔前，要对钻机认真找正，使转盘中心、钻孔中心和钻塔提升中心重合，钻机底盘和基础间隙要垫实，确保开孔垂直度；开孔误差不得超过 ±10mm；正常钻进时应根据岩性特点及具体施工情况及时调整钻压、钻速、泵量和泥浆配比等参数。

5）钻孔测斜和纠偏及防偏纠偏措施

钻孔过程中按规定测斜，偏斜值超过规定时，应及时纠正；冻结管管底最大间距超过规定时，应进行补孔，成孔后应对不同水平面绘制偏斜平面图。

开孔测斜：在完成井口管钻进后进行的测斜，用于防止因井口管偏斜导致下部钻孔大量偏斜，偏斜率应控制在 0.2% 以内。

定点测斜：在容易发生侧移的钻孔区段上进行的测斜，用于监测地层或钻孔直径发生改变时钻孔的垂直度。

终孔测斜：钻孔达到一定深度后，在插入冻结管以前，对整个钻孔进行一次测斜。

6）冻结管安装

冻结管使用 20 号低碳流 Φ127×8 无缝钢管和同材质的电焊条。冻结管采用内衬管焊接连接，管端打坡口分层焊接，上下管距应控制在 4～7mm 之间。使用前认真检查冻结管质量，严禁使用弯曲、变形或有质量问题的冻结管。管箍材质与冻结管相同，且焊接采用 E4303 低碳钢焊条，焊缝应饱满无砂眼。焊接完，冷却后方可下入钻孔。

7）钻孔施工质量要求

孔位：严格按设计孔位开孔，开孔孔位与设计孔位偏差不得超过 10mm。

孔径：孔径应大于所下置冻结管管径 10～20mm。

孔深：各类孔必须确保设计下管深度，不得有负值。

钻孔测斜：为检查钻孔偏斜情况，要求每钻进 30m 测斜一次，在易偏斜地层加密测斜次数，并绘制钻孔实际偏斜方位图指导施工。

钻孔偏斜质量控制要求：钻孔偏斜率不大于 3‰。

主排孔最大相邻终孔间距：≤1.6m。

8）钻孔施工质量控制措施

采用钻、测、纠相结合的冻结孔钻进技术，严格控制冻结孔向井内偏斜，确保钻孔垂直度，缩小相邻冻结孔间距，加快冻结壁形成速度，为缩短工期创造条件。

冻结钻孔布置采用经纬仪或钢尺测定孔位，孔位不得随意移动。

合理选择钻进技术参数，定时测定泥浆指标，根据不同地层及时调整泥浆技术指标，防止孔壁坍塌掉块，确保泥浆护壁效果。

正常钻进泥浆控制配置 1 套泥浆测定仪，定时检测泥浆参数。定向纠偏时，控制泥浆含砂量≤1%，延长螺杆钻具使用寿命。

6.4 冻结施工方案

6.4.1 冻结站布置与设备安装

根据现场施工环境决定将冻结站分为水平孔冻结站和垂直孔冻结站两个部分。水平冻结站和垂直冻结站均安装在丁公路北站北端头东侧考地面位置；盐水从冻结站内通过 Φ219×5 的无缝钢管输送到水平钻孔工作面位置，左右线分别安装两套独立的盐水循环系统供应左右线冻结孔的需冷，站内设备主要包括 8 台冷冻机组、2 个盐水箱、4 台盐水泵、4 台清水泵、6 台冷却塔、若干配电控制柜等。垂直冻结孔冻结站盐水从冻结站内通过埋设的 Φ159×5 无缝钢管输送到垂直孔钻孔工作面位置，左右线共安装一套盐水循环系统供应左右线冻结孔的需冷，站内设备主要包括 3 台冷冻机组、1 个盐水箱、2 台盐水泵、2 台清水泵、2 台冷却塔、若干配电控制柜等。

6.4.2 管路连接、保温

盐水是通过管路输送到工作面，管路采用法兰连接。在盐水管路和冷却水循环管路上要设置阀门和测温仪、压力表等测试组件。盐水管路经试漏、清洗后用保温板保温，保温厚度为 50mm，保温层的外面用塑料薄膜包扎。集配液圈与冻结管的连接用高压胶管，胶管保温采用 20～30mm 保温板保温，每组冻结管的进出口各装阀门一个，以便控制流量。在盐水总去路安装一台流量计，流量计监测盐水总流量。冷冻机组的蒸发器及低温管路用棉絮或者保温板保温，盐水箱和盐水干管用 50mm 厚的保温板保温。

6.4.3　积极冻结与维护冻结

设备安装完毕后进行调试和试运转。在试运转时，要随时调节压力、温度等各状态参数，使机组在有关工艺规程和设备要求的技术参数条件下运行。冻结系统运转正常后进入积极冻结。

此阶段为冻结帷幕的形成阶段，积极冻结 7 天盐水温度降至 -18℃ 以下；积极冻结 15 天盐水温度降至 -24℃ 以下，开挖时盐水温度降至 -30～-28℃，去、回路盐水温差不大于 2℃；如盐水温度和盐水流量达不到设计要求，应延长积极冻结时间，保证到达设计的冻结壁厚度及温度。

积极冻结时，在冻结区附近 200m 区域内土层中不得采取降水措施，并且在冻结区内土层中不得有集中水流。在积极冻结过程中，要根据实测温度数据判断冻土帷幕是否交圈和达到设计厚度，交圈并达到设计厚度后打探孔，确认冻土帷幕内土层基本无压力后再进行正式开挖。为了防止由于盐水内含有的气体析出造成气体累积，从而造成气堵。在盐水开始循环冷冻时，现场值班人员应检查集配液圈空气滞留区内是否有空气凝集，如果有应做好排气工作。

在积极冻结过程中，要根据实测温度资料判断冻结帷幕是否交圈和达到设计厚度，同时要监测冻结帷幕与地连墙的胶结情况，测温判断冻结帷幕交圈并达到设计厚度且与地连墙完全胶结后，可进入维护冻结阶段。维护冻结期温度应不高于 -25℃，冻结时间贯穿整个开挖施工和盾构顺利进洞。

6.4.4　卸压孔泄压及监测

卸压孔布置在冻结帷幕内部未冻结区，泄压管采用 Φ108×8 无缝钢管，泄压孔压力表安装采用标称为 1.6MPa 的耐震压力表。卸压孔安装完成时应打开卸压孔检测是否畅通，记录压力表初始数据。积极冻结期间应保证每日记录一次，压力开始上涨后，应对泄压孔的压力进行实时监测，所有的观测应有原始记录，并有观测者签字。卸压孔压力上涨至原始压力 2 倍或者大于原始压力 0.15～0.3MPa 时开始泄压。

6.5　开挖施工及支护

6.5.1　开挖前准备工作

1）应急防护门安装

应急防护门是安装在 4 号线地连墙上，防护门由门框、门轴、门面组成，防护门左线隧道采用由右向左单侧开启，右线采用由左向右单侧开启。防护门要在 4 号线连续墙凿除前，安装调试及验收完成。

防护门安装前需要对 Z2~Z11 冻结孔停止冻结，割除冻结器；还需要对 4 号地连墙外部混凝土进行凿除，凿除完成后焊接 125mm×125mm 等边角钢，安装门框和门。在防护门上应安设排气管、注浆管及控制阀门，并配备注浆泵为防护门内供水。防护门开关应便于人工操作，紧固螺栓、风管及连接件、扳手等配件及操作工具应准备到位。

防护门安装后应进行水密性试验，在不停泵时试验水压应能保持 0.309MPa，防护门耐压设计值为 0.402MPa，打压试验值不得超过耐压设计值。

清障通道开挖时发生透水、冒砂事故时，应立即关闭防护门，并向防护门内压水，使防护门内水压维持在设计压力。在清障工作全部完成，泡沫混凝土充填完后，方可拆除防护门，严禁提前拆除。

注意事项：防护门位置可根据施工需要，可作适当调整；防护门基础安装之前要先查明地连墙钢筋笼接头位置，避开接头处，选择地连墙整体较强部位安装防护门，以防墙体受损；由于防护门较大，重量较重，在日常开合过程中要有安全防护措施，关闭或打开时都要横撑材料对门进行固定，防止门倾倒；防护门上需快速关闭转柄；为了防止防护门密封性，在密封条相对应的四周门板上满焊一圈 6mm 圆钢；防护门门框四周黏贴 10mm 橡胶条，开挖时应对防护门底部橡胶条进行保护。应急防护门见图 6-6。

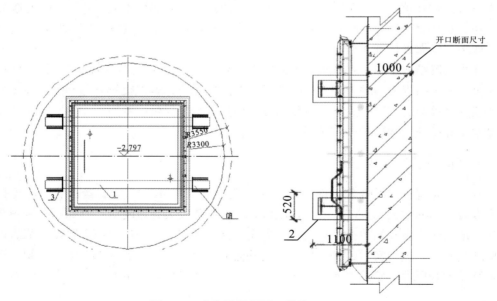

图 6-6　应急防护门图（单位：mm）

2）工作平台搭设

开挖施工前应在开挖开口处下部搭设工作平台，主要作为通道材料设备放置和开挖运输出渣之用，面积约为 5m×10m＝50m²。平台梁用长 5m、间距为 2m 的 16♯工字钢作为支撑，直接搭在施工井底部，以保证整体稳定性。台面用 10mm 钢板铺设。

6.5.2　开洞门

安全应急防护门安装完成后，在洞门布设水平探孔，探孔长度为 3m，以便判断加固土体强度达到设计要求，并通过专家验收完成，用金刚石取芯钻机开孔方式切割安全防护门内地连墙墙体，切割尺寸为宽 3m、高 3.5m。拆除防护门范围内 4 号线及 1 号线地连墙。4 号线地连墙拆除完成后，与 1 号线地连墙中间部分 0.5m 土体开挖并联立两榀初支型钢进行支护，再进行 1 号线地连墙凿除。1 号线地连墙先凿除上半部分，开挖上台阶，开挖下台阶时再破除下半部分。破除地连墙施工示意见图 6-7。

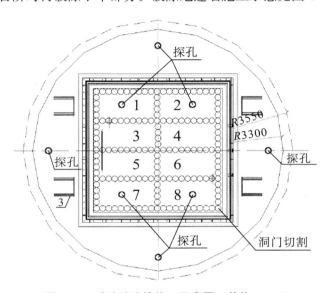

图 6-7　破除地连墙施工示意图（单位：mm）

1）探孔施工

实测冻土墙温度达到设计值后，在紧挨隧道洞口的工作井井壁上用 38mm 金刚石取芯钻打若干探孔，判断冻土墙与井壁之间完全冻结后方可打开切除洞口。打探孔时要准备木塞等工具，以防钻孔出水。

2）切除洞门

切除洞门采用用金刚石取芯钻机开孔方式切割安全防护门内地连墙墙体，拆除防护门范围内 4 号线及 1 号线地连墙，4 号线地连墙厚 1000mm，1 号线地连墙厚 800mm，4 号与 1 号地连墙之间间距 500mm 的土层。切除应由上至下按顺序切除，先切除 4 号线地连墙，与 1 号线地连墙中间部分 0.5m 土体开挖并联立两榀初支型钢进行支护，后再切除 1 号线地连墙。切除洞门中心与线路中心一致，尺寸为宽 3m、高 3.5m 的进洞尺寸。切除 1、4 号地连墙后土体铺设保暖层，外暖层外铺设模板。联立两榀初支型钢进行支护（18♯ 工字钢进行加工）。

6.5.3　冻结通道开挖

施工应遵循"开挖一段加固一段、加固一段开挖一段、强支护、早封闭、勤量测"

的原则进行。首先应完成冻结管施工及冻结施工施工，然后按此工法工艺流程进行施工。开挖进尺不应大于 1 榀钢架间距，边墙每循环开挖支护进尺不得大于 2 榀钢架间距。开挖采用机械及人工风镐相互配合开挖。

6.5.4 型钢拱架支护

型钢拱架材料为钢板及型钢 Q345b 钢，焊接加工，焊条为 E50XX 系列焊条，钢材抗拉、屈服强度及伸长率需符合规范要求。构件的拼装连接采用 10.9 级高强度螺栓连接。型钢加工连接处全程采用焊接连接，均采用连续角焊缝。最小厚度为 8mm，一律满焊，对焊缝的焊缝质量不低于二级。

6.5.5 喷射混凝土

喷射混凝土强度等级为 C25，厚度不小于 220mm；喷射混凝土施工按现行规范 GB 50086 要求进行。地连墙清除宜避免采用发热量过大的技术手段，每天要定时监测初期支护收敛、变形和支护层后冻土温度，发现支护变形或冻土融化应及时采取加强措施。通道开挖应严格控制冻结壁温度升高和变形。

6.6 清障及盾构推出

6.6.1 障碍物破除

待清障通道完成形成后，破除北侧 1 号地续墙，由下而上开始破除。用金刚石取芯钻机开孔方式将地连墙切割成 1000mm×1000mm 的方块，利用手拉葫芦将切割的方块慢慢放到底部，待临时支撑拆除完成后，利用叉车运出清障通道。

注意事项：水钻切割时，注意下部积水，要及时排除；取芯施工人员要时刻注意切除掉地连墙前方冻土稳定情况；手拉葫芦吊装时，防止手拉葫芦倒链，吊物时下方不得站人。

6.6.2 泡沫混凝土充填

地连墙凿除完成，环形支撑内部横竖撑拆除后，在开挖通道内回填轻质泡沫混凝土，泡沫混凝土回填应密实。现浇泡沫混凝土的设计建议指标：无侧限抗压强度 ≥ 0.6MPa，水泥采用 42.5 级，湿密度采用 (500 ± 25) kg/m³，流动值 180 ± 20 mm；泡沫混凝土试验配合比应进行试块试验。

6.6.3 停冻和封孔

轻质泡沫混凝土充填完毕，盾构机推进到冻结壁外侧之后，拔除盾构推进范围内垂直冻结管。水平冻结管持续冻结，直至盾构机进入车站后再进行封孔。

1）垂直冻结管拔除

在盾构靠近冻结壁，完成所有位于盾构推进轮廓内的冻结管需拔除，48 个小时可全部完成。利用人工强制解冻的方案进行拔管，具体方法如下：

利用热盐水在冻结器里循环，使冻结管周围的冻土融化达到 50～80mm 时，开始拔管。

盐水加热：用一只 1m³ 左右的盐水箱储存盐水，用 24 组 15kW 的电热丝进行加热盐水。

盐水循环：利用流量为 50m³/h 以上盐水泵循环盐水，先用 40～50℃的盐水循环 10 分钟左右，即可进行边循环边试拔。

冻结管起拔：先采用两台 20t 液压千斤顶进行试拔，待拔起 0.5m 左右后，便可停止循环热盐水，用压风将管内盐水排出。然后用吊车快速拔出冻结管。拔管注意冻结管与挂钩要成一线，冻结管不能蹩劲，拔管时要常转动冻结管，冻结管不能硬拔，如拔不动时，要继续循环热盐水解冻，直至拔起冻结管。

2）垂直冷冻孔封孔施工

冷冻管拔除后，为防止后期盾构掘进至此时地面出现冒浆、盾构机压力不稳等现象，需对冷冻孔拔出孔洞进行砂浆回填，回填到原始地面以下 0.5m 位置。该 0.5m 采用商品混凝土充填。

3）水平冷冻孔封孔施工

防护门及 4 号线地连墙拆除宜在盾构机将要推到 4 号线地连墙时进行。

6.7　地层融沉注浆方案

根据冻结法设计要求，采用自然解冻，跟踪注浆的施工方案，原则从隧道底部向上注浆，同时结合沉降监测数据调整部位及注浆量。

待盾构进洞结束后停冻 5～7 天后从管片内开始注浆。融沉注浆应根据设计要求，采用适当的注浆工艺、注浆材料及注浆工序。注浆过程中应遵照多点、少量、多次、均匀的循序渐进原则，并根据隧道、地面、管线以及建筑物的沉降和解冻温度场的监测，适时调整注浆量和注浆时间间隔，确保沉降稳定。注浆过程中填写的各项注浆记录表与质量抽检报告可作为注浆加固质量验收依据。

利用管片注浆孔进行跟踪注浆。注浆选用 SYB50/45 II 型注浆泵。注浆材料采用 1:0.8-1 单液水泥浆或双液浆，水泥为 425♯ 普通硅酸盐水泥，水玻璃浓度为 35～45°Bé，注浆压力不大于 0.5MPa 或结构要求允许的设计值，注浆流量宜控制在 15L/min 左右。

融沉注浆持续时间一般为 6 个月，实际工期以监测数据稳定性确定是否继续注浆。注浆施工结束后，每个注浆孔必须封堵。封堵材料首选双液浆，其次选用双块水泥进行封堵。封堵要求要迅速、密实，最后用螺纹闷盖上紧。值班技术人员旁站记录，参加封孔人员签字归档。当连续一个月每半个月地面日沉降量保持在 0.5mm 以内，地面变形基本保持稳定，可以结束融沉注浆。

6.8 冻结工程实施效果

6.8.1 左右线冻结施工

左线水平钻孔 2020 年 10 月 1 日开始施工于 2020 年 12 月 5 日结束钻孔，包含冻结孔 70 个（包含补孔 1 个）、泄压孔 4 个、测温孔 8 个、温控孔 6 个，总计 88 个。左线垂直钻孔 2020 年 12 月 7 日开始施工于 2020 年 12 月 25 日结束钻孔，包含冻结孔 31 个、测温孔 3 个，总计 34 个。2020 年 12 月 9 日完成所有冻结孔密封性测试，试验压力均达到 0.8MPa 以上，并且 45 分钟内压力无变化。从各孔的试压数据看，各冻结孔压力试验均达到设计要求，全部合格。

右线水平钻孔 2020 年 10 月 29 日开始施工于 2021 年 1 月 9 日结束钻孔，包含冻结孔 69 个、泄压孔 4 个、温控孔 6 个、测温孔 8 个，总计 87 个。右线垂直钻孔 2021 年 1 月 21 日开始施工于 2021 年 1 月 26 日结束钻孔，包含冻结孔 31 个、测温孔 3 个，总计 34 个。所有冻结孔都经过严格的测斜，且测斜结果均符合设计要求，偏斜量控制在 150mm 以内。打压压力均达到 0.8MPa 以上，并且 45 分钟内压力无变化。从各孔的打压数据看，各冻结孔压力试验均达到设计要求，全部合格。冻结孔施工主要参数见表 6-5，现场冻结施工见图 6-8。

表 6-5　冻结孔施工主要参数

序号	名称	单位	数量	备注
1	水平冻结帷幕厚度	m	≥2.5	下部基岩处≥2.0m
2	垂直冻结帷幕厚度	m	≥2.4	
3	冻结墙平均温度	℃	≤−10	
4	冻结帷幕交圈时间	d	23～28	
5	最低盐水温度	℃	−30～−28	冻结 7d 达到−18℃
6	单孔盐水流量	m³/h	5～8	
7	积极冻结时间	d	暂定 50d	根据监测再定
8	冻结孔	个	100	
9	单排冻结孔成孔控制间距	m	1.2	
10	冻结孔允许偏斜	mm	150	
11	冻结管规格	mm	φ108/φ127	低碳无缝钢管
12	测温孔	个	8	φ108 低碳无缝钢管
13	冻结管总长度	m	2778.7	单个通道
14	冻结总需冷量	10^4kcal/h	33.527	工况条件

（a）破除墙面混凝土	（b）开孔固定	（c）开孔角度校正
（d）钻孔台架	（e）底孔钻进	（f）成孔测探
（g）成孔测斜	（h）成孔测斜	（i）成孔打压

（j）冻结站安装过程

图 6-8　现场冻结施工

6.8.2 去回路温度

左线积极冻结 7d 盐水温度为 $-21.3℃$，已降至 $-18℃$ 以下，符合设计要求。积极冻结 15d 盐水温度为 $-24.1℃$，已降至 $-24℃$ 以下，符合设计要求。由流量计可知总盐水流量为 $223.37m^3$，70 个冻结孔共设计 21 组，每组盐水流量约为 $10.64m^3 \geqslant 5\sim8m^3$，满足设计要求。左线水平、垂直冻结盐水去回路温度统计分别见表 6-6 和表 6-7。

表 6-6　左线水平冻结盐水去回路温度统计表

时间	去路	回路	备注	时间	去路	回路	备注
12 月 13 日	−5.9	−4.6		1 月 3 日	−24.9	−23.9	
12 月 14 日	−7.4	−6.1		1 月 4 日	−26.3	−25.0	
12 月 15 日	−8.8	−7.6		1 月 5 日	−26.3	−25.3	
12 月 16 日	−13.8	−12.3		1 月 6 日	−27.4	−26.4	
12 月 17 日	−17.6	−16.1		1 月 7 日	−28.1	−27.1	
12 月 18 日	−19.3	−17.9		1 月 8 日	−28.1	−27.1	
12 月 19 日	−21.3	−19.9	7d	1 月 9 日	−29.1	−28.1	
12 月 20 日	−22.6	−21.3		1 月 10 日	−29.3	−28.3	
12 月 21 日	−22.6	−21.2		1 月 11 日	−28.8	−27.9	
12 月 22 日	−22.8	−21.4		1 月 12 日	−28.7	−27.9	
12 月 23 日	−22.9	−21.5		1 月 13 日	−28.8	−27.9	
12 月 24 日	−23.4	−22.0		1 月 14 日	−28.9	−28.0	
12 月 25 日	−23.7	−22.3		1 月 15 日	−28.9	−28.0	
12 月 26 日	−24.0	−22.9		1 月 16 日	−28.9	−28.0	
12 月 27 日	−24.1	−23.0	15d	1 月 17 日	−29.3	−28.4	
12 月 28 日	−24.2	−23.1		1 月 18 日	−29.4	−28.5	
12 月 29 日	−24.3	−23.2		1 月 19 日	−29.4	−28.7	
12 月 30 日	−24.4	−23.3		1 月 20 日	−29.4	−28.7	
12 月 31 日	−24.5	−23.4		1 月 21 日	−29.5	−28.8	
1 月 1 日	−24.6	−23.5		1 月 22 日	−29.4	−28.7	
1 月 2 日	−24.7	−23.6		1 月 23 日	−29.4	−28.6	

表 6-7　左线垂直冻结盐水去回路温降情况

时间	去路	回路	备注	时间	去路	回路	备注
1 月 4 日	−15.3	−14.5		1 月 16 日	−28.3	−27.5	
1 月 5 日	−17.5	−16.7		1 月 17 日	−28.5	−27.7	
1 月 6 日	−19.7	−18.9		1 月 18 日	−28.7	−27.9	
1 月 7 日	−21.0	−20.2		1 月 19 日	−28.7	−27.9	
1 月 8 日	−22.2	−21.4		1 月 20 日	−28.9	−28.1	
1 月 9 日	−22.9	−22.1		1 月 21 日	−28.9	−28.1	
1 月 10 日	−25.1	−24.3		1 月 22 日	−29.1	−28.3	
1 月 11 日	−26.8	−26.0		1 月 23 日	−29.1	−28.3	
1 月 12 日	−26.9	−26.1		1 月 24 日	−29.2	−28.4	
1 月 13 日	−27.3	−26.5		1 月 25 日	−29.2	−28.4	
1 月 14 日	−27.7	−26.9		1 月 26 日	−29.2	−28.4	
1 月 15 日	−28.0	−27.2					

右线冻结第 7d，盐水温度达到−21.3℃，满足设计要求 7d 盐水温度降至−18℃以下。冻结第 15d，盐水温度达到−26.7℃，满足设计要求 7d 盐水温度降至−24℃以下。冻结第 37d，温度达到−26.7℃，满足设计要求 7d 盐水温度−29℃以下。盐水去回路温度降至−28℃，去、回路盐水温度不大于 2℃。右线盐水总去总回统计见表 6-8。

表 6-8　右线盐水总去总回统计

序号	时间	去路	回路	备注
1	1 月 14 日	−13.7	−11.9	
2	1 月 15 日	−15.8	−14.0	
3	1 月 16 日	−18.0	−16.2	
4	1 月 17 日	−19.3	−17.5	
5	1 月 18 日	−19.3	−18.0	
6	1 月 19 日	−20.1	−18.3	
7	1 月 20 日	−21.2	−19.5	7d
8	1 月 21 日	−22.4	−20.6	
9	1 月 22 日	−23.3	−21.6	
10	1 月 23 日	−23.3	−21.6	
11	1 月 24 日	−22.9	−21.2	
12	1 月 25 日	−23.9	−22.5	
13	1 月 26 日	−24.8	−23.4	

序号	时间	去路	回路	备注
14	1月27日	−25.6	−24.2	
15	1月28日	−26.7	−25.4	15d
16	1月29日	−26.7	−25.4	
17	1月30日	−27.4	−26.1	
18	1月31日	−27.7	−26.4	
19	2月1日	−28.2	−27.2	
20	2月2日	−28.4	−27.4	
21	2月3日	−28.4	−27.4	
22	2月4日	−27.8	−26.7	
23	2月5日	−29.1	−28.1	
24	2月6日	−28.8	−27.8	
25	2月7日	−29.1	−28.1	
26	2月8日	−29.2	−28.3	
27	2月9日	−28.9	−28.0	
28	2月10日	−28.6	−27.7	
29	2月11日	−28.6	−27.7	
30	2月12日	−28.6	−27.7	
31	2月13日	−28.9	−28.0	
32	2月14日	−28.9	−28.0	
33	2月15日	−29.4	−28.3	
34	2月16日	−29.4	−28.3	
35	2月17日	−28.5	−27.5	
36	2月18日	−29.0	−28.0	
37	2月19日	−29.0	−28.0	

6.8.3 测温孔降温情况

左线水平冻结施工共设计测温孔8个，测温孔温度变化曲线见图6－9。右线水平冻结施工共设计测温孔8个，测温孔温度变化曲线见图6－10。

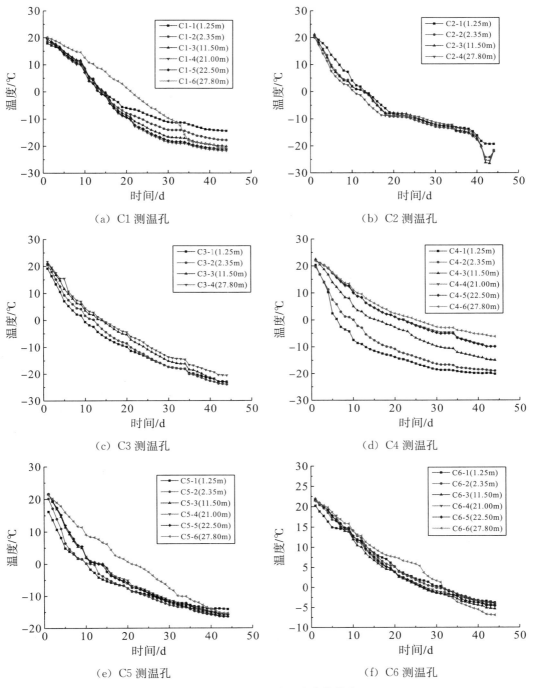

（a）C1 测温孔　　　　　　　　　　　（b）C2 测温孔

（c）C3 测温孔　　　　　　　　　　　（d）C4 测温孔

（e）C5 测温孔　　　　　　　　　　　（f）C6 测温孔

图 6-9　左线测温孔温度变化曲线

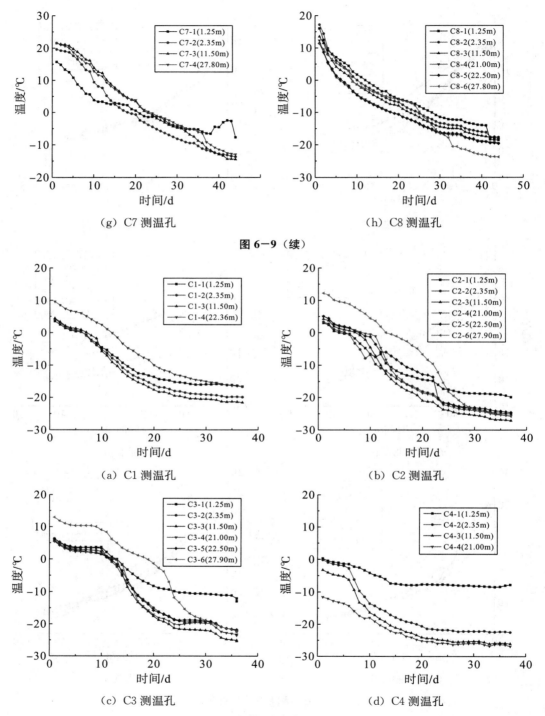

（g）C7 测温孔

（h）C8 测温孔

图 6－9（续）

（a）C1 测温孔

（b）C2 测温孔

（c）C3 测温孔

（d）C4 测温孔

图 6－10 右线测温孔温度变化曲线

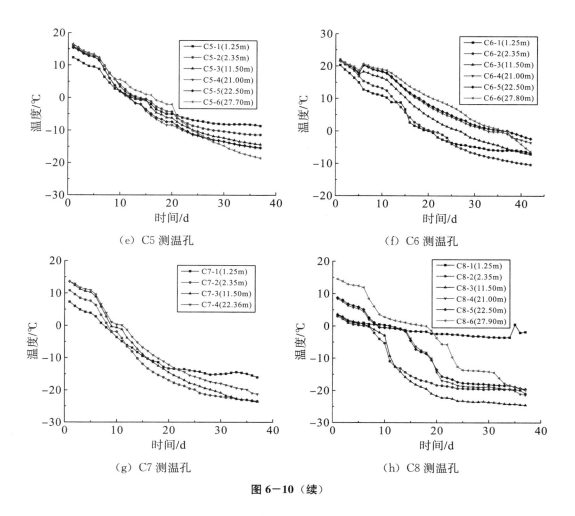

（e）C5 测温孔

（f）C6 测温孔

（g）C7 测温孔

（h）C8 测温孔

图 6-10（续）

6.8.4 泄压孔压力变化

左线 2020 年 12 月 13 日开始积极冻结，2021 年 1 月 18 日泄压孔全部开放，期间泄压孔 4 次涨至 0.4MPa 以上，2021 年 1 月 3 日最高压力涨至 0.44MPa；目前泄压孔已全部开放无泥水流出。

各泄压孔压力均上涨到 0.3MPa 以上，说明左线冻结围幕具有承受其所处位置的水土压力的能力。通过不间断泄压，各泄压孔基本无泥水流出，各泄压孔压力均为 0MPa。目前各泄压孔压力处于持续打开状态无泥水流出，说明冻结围幕内土体有了一定的自立性。

6.9 温度场和位移场数值模拟分析

6.9.1 三维热力耦合数值模型

由于复杂环境下盾构出洞水平冻结施工三维有限元模型较为复杂，故针对实际工程情况作以下基本假定：①地层为均质、各向同性的弹塑性体；②冻结管周围的温度均匀分布，冻结管边界是冻结冷源荷载的主要施加位置，且不考虑冻结管偏斜及沿冻结管方向的热损失；③假定土层具有统一的初始温度；④不考虑地下水流动对温度场的影响。

依据实际工程建立了三维实体数值模型，建立的地层－冻结管－既有车站三维数值模型见图 6－11。模型的长度（沿 z 轴方向）设为 60m，宽度（沿 x 轴方向）设为 35m，高度（沿 y 轴方向）设为 32.5m。隧道衬砌和冻结管圈的几何尺寸及参数按照工程实际设置，整个数值模型包括地层、冻结管、地下连续墙和既有车站结构共 738296 个单元，单元类型选用 C3D8RT，即温度－位移全耦合的单元，可以有效模拟计算单元的热力全耦合状态以及分析温度场－位移场耦合作用下的弹塑性变形。

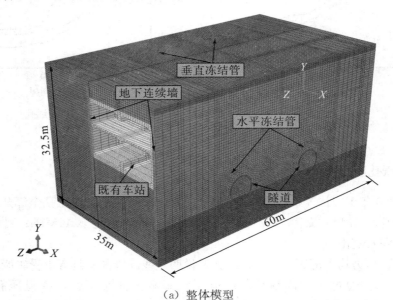

（a）整体模型

图 6－11　地层－冻结管－既有车站三维数值模型

数值模型中的冻结管以及土体的初始温度均设定为 10℃。冻结管的温度荷载按照现场实测的盐水循环温度加载。左线先行冻结，冻结 45d 后右线随后冻结至第 90d，得到冻结温度场发展及冻结壁扩展的情况。

土体上表面考虑土体和空气的对流换热，大气温度设为 10℃，对流换热系数设为8.5W/（m·℃）。地下连续墙外表面考虑混凝土和空气的对流换热，空气温度设为 10℃，对流换热系数设为 3.0W/（m·℃）。车站内表面考虑混凝土和列车风的对流换热，空气温度设为 20℃，对流换热系数设为 2.5W/(m·℃)。

约束冻结管 X、Y、Z 三个方向的位移。模型顶部为自由位移边界，约束模型前、后两个侧面沿 X 方向位移，左、右两个侧面沿 Z 方向位移以及底部在 Y 方向的位移。考虑到绑定约束可以传递孔压自由度、位移自由度和温度自由度，定义冻结管和土体间的约束为绑定约束。

模型中将冻土假定为均质弹性体，而未冻土视为各向同性的弹塑性体，其强度准则服从 Mohr−Coulomb 屈服准则。根据隧道所处的地层位置可知，冻结帷幕所在的岩土层主要为砂质黏土层。因此，在该地层中，需要分别对其冻土和未冻土的热物理力学参数进行设定。

上述岩土层的相变区间温度为 −1.2～−0.4℃ 范围内，各岩土层之间的差异性较小。考虑到更高的冻结安全系数，因此在的数值计算中取温度相变区间范围设为 −2～−1℃，即固相温度为 −2℃，液相温度为 −1℃。

6.9.2　积极冻结期温度场发展规律

重点分析模型既有车站中柱处纵截面和新建左线隧道纵截面积极冻结期内的温度场分布。既有车站中柱处纵截面积极冻结期温度场见图 6−12。由图可知，随着冻结时间的发展，冻结管周围土体温度逐渐下降，冻土范围以冻结管为中心不断向外扩展，逐渐交圈形成冻结壁，随后冻结壁厚度继续增加。在冻结 5d 之内，冻结管周围土体温度就迅速下降至 0℃ 以下，并且逐渐开始冻结，形成局部冻土体，沿着冻结管环逐渐交圈，此时尚未形成闭合的冻土帷幕；在冻结 10d 之内，各冻结管形成的冻土体范围逐渐增加，冻土帷幕部分交圈。在冻结 15d 之内，冻土体相互连接并已基本交圈，形成了闭合的环状冻土帷幕，但此时的冻结壁最大厚度为 2.34m，不满足设计要求。随着冻结过程的继续进行，冻土帷幕厚度逐渐增加，温度也呈现出了逐渐降低的趋势。积极冻结 45d 后，冻结圈内部待开挖土体基本完全冻结。

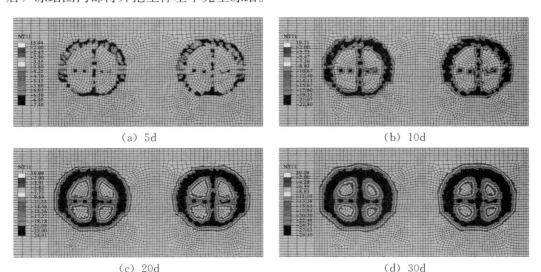

（a）5d　　　　　　　　　　　　　（b）10d

（c）20d　　　　　　　　　　　　　（d）30d

图 6−12　既有车站中柱处纵截面积极冻结期温度场（单位：℃）

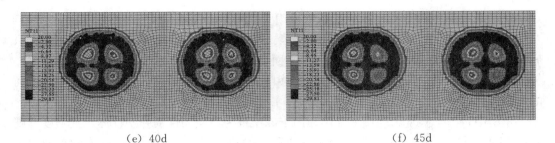

(e) 40d   (f) 45d

图 6—12（续）

  在积极冻结期内冻结帷幕的三维动态扩展过程见图 6—13。由图可知，在冻结 5d 以内，尽管冻结管周围土体局部形成了冻土体，然而此时尚未形成完整的冻土帷幕；在冻结 15d 后，冻土体在中心横截面方向已经基本交圈闭合；在冻结 45d 后，形成了完整的冻土帷幕，此时水平冻结壁最薄处厚度已经超过 2.98m，满足设计厚度要求。

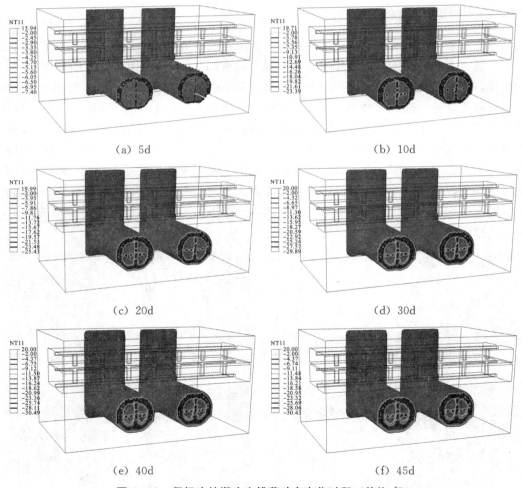

(a) 5d   (b) 10d

(c) 20d   (d) 30d

(e) 40d   (f) 45d

图 6—13　积极冻结期冻土帷幕动态变化过程（单位：℃）

  综上所述，当低温盐水开始循环时，由于盐水温度与地层温度相差较大，冻结管周边土体与管内盐水的热交换十分明显，土体的降温速率较快，冻结管周边逐渐形成环状冻土。当管内低温盐水持续循环，地层中的冻土以环状形式向外持续发展，地层中的等温线随着冻土的发展也呈环形状态分布。当冻结至一定时间后，由于地层温度的降低至0℃，冻结管内低温盐水与地层的热交换程度平缓，地层中土体温度下降减缓，温度基本保持不变，临近的冻结管周边形成的环状冻土开始出现"交圈"现象。当双线隧道同时冻结 45d 后，冻结土体均以冻结管为中心持续向外发展，最终形成均匀分布、温度逐层递减的隧道温度场。

6.9.3　维护冻结期温度场发展规律

在积极冻结期之后，进入了维护冻结期，整个过程持续 60d。在这一阶段中，完成了中心土体的开挖以及后续隧道衬砌的修筑。既有车站中柱处纵截面维护冻结期温度场见图 6-14。由图可知，在中心土体开挖后，形成了新的热交换界面，因而在短期内靠近新建隧道的冻土帷幕的温度略有增加；之后，由于冷量的持续输入，温度逐渐降低，并进一步达到热交换平衡状态。

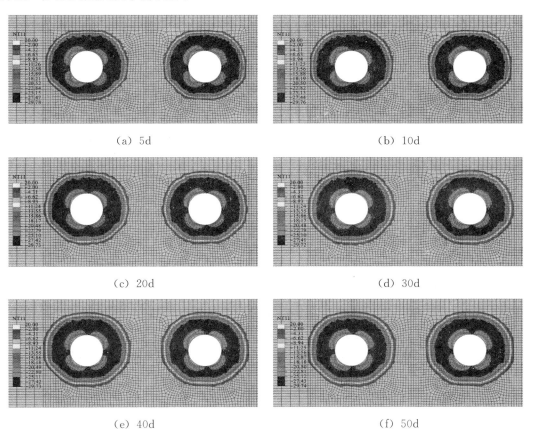

（a）5d

（b）10d

（c）20d

（d）30d

（e）40d

（f）50d

图 6-14　既有车站中柱处纵截面维护冻结期温度场（单位：℃）

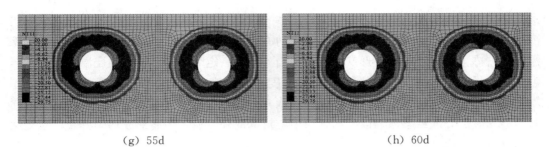

（g）55d　　　　　　　　　　　（h）60d

图 6-14（续）

在维护冻结期内，冻土帷幕动态变化过程见图 6-15。由图可知，冻土帷幕壁厚在这一阶段仍然在增大，但变化不明显，平均壁厚基本维持在 3.41m 左右。

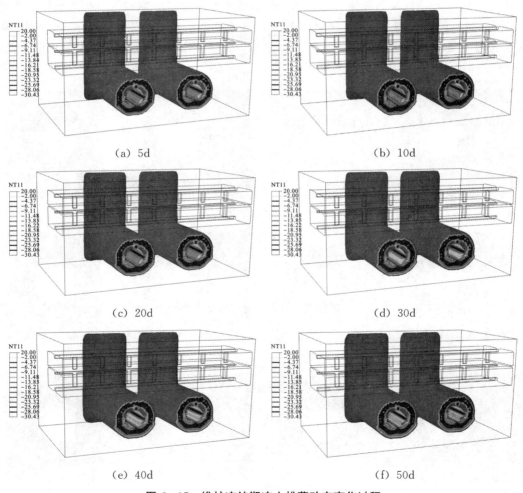

（a）5d　　　　　　　　　　　（b）10d

（c）20d　　　　　　　　　　　（d）30d

（e）40d　　　　　　　　　　　（f）50d

图 6-15　维护冻结期冻土帷幕动态变化过程

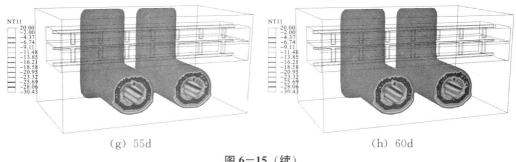

（g）55d　　　　　　　　　　　（h）60d

图 6－15（续）

6.9.4　自然解冻期温度场发展规律

在维护冻结期结束之后，迅速关闭冻结站，并停止冷冻盐水循环，开始进入了自然解冻期。由于本工程的冻结体量较大，加之地层自然解冻过程本身较为缓慢，因此本研究共模拟了 100d 自然解冻期的温度场变化。沿既有车站中柱处纵截面的温度场分布云图见图 6－16。由图可知，在自然解冻期的初期范围内，冻土温度迅速升高，在解冻 20d 之后，冻结管圈附近冻土温度快速升高至－15℃以上；之后冻土帷幕温度进一步升高，当升高至－2℃左右时，温度增长趋势明显减缓，此时冻土开始处于冰水相变中，该过程持续时间较长，在这一阶段温度基本没有太大变化。

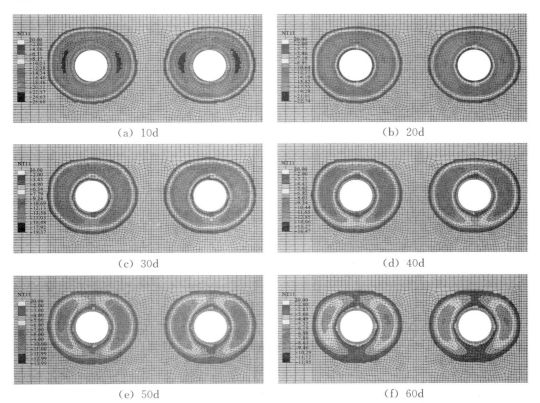

（a）10d　　　　　　　　　　　（b）20d

（c）30d　　　　　　　　　　　（d）40d

（e）50d　　　　　　　　　　　（f）60d

图 6－16　既有车站中柱处纵截面自然解冻期温度场（单位：℃）

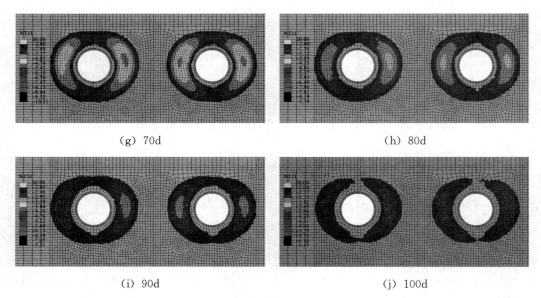

（g）70d

（h）80d

（i）90d

（j）100d

图 6—16（续）

自然解冻期冻土帷幕动态变化过程见图 6—17。由图可知，在解冻 20d 以后，相较于维护冻结期结束时的冻结壁云图，冻结壁的厚度变化较小，基本仍维持在 3.06m 左右；在解冻 40d 后，冻土帷幕迅速融化，隧道拱顶和拱底的融化速度更快。

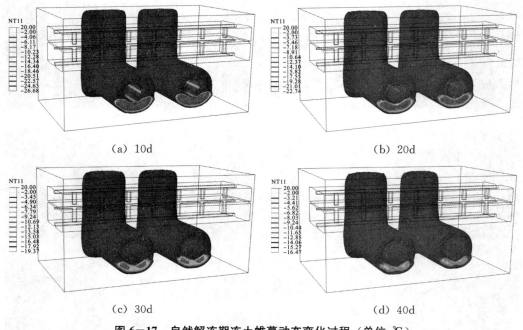

（a）10d

（b）20d

（c）30d

（d）40d

图 6—17　自然解冻期冻土帷幕动态变化过程（单位：℃）

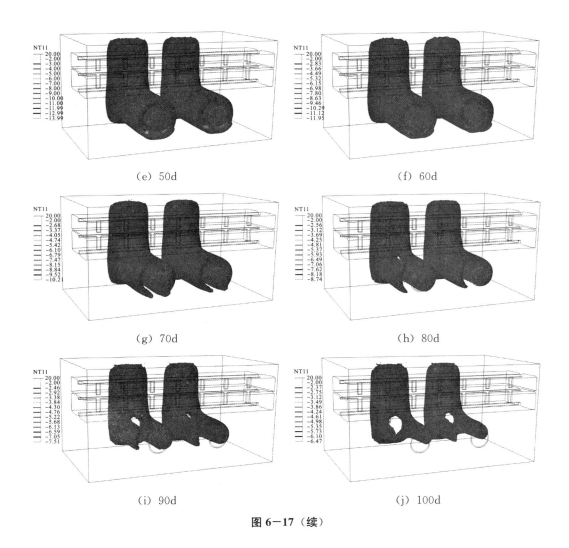

(e) 50d　　　　　　　　　　　　　(f) 60d

(g) 70d　　　　　　　　　　　　　(h) 80d

(i) 90d　　　　　　　　　　　　　(j) 100d

图 6-17（续）

6.9.5　冻胀规律

在积极冻结期内，既有车站中柱处纵截面地层-结构竖直和水平方向的位移场计算云图分别见图 6-18 和图 6-19。由竖向位移云图可知，在地层冻结 15d 之后，冻结管圈顶部以及底部土体迅速形成冻胀区域，大致呈现出上下对称分布的特点，数值上顶部土体冻胀竖向位移大于底部土体位移，且越靠近冻结管线位置，竖向冻胀位移越大；随着冻结时间的推移，冻结管顶部及底部的冻胀区逐渐向四周缓慢扩展，且竖向冻胀位移不断增大。由于垂直冻结管连接地表，因此垂直冻结管附近冻胀最明显，当冻结至 45d 积极冻结期结束时，垂直冻结管附近地表竖向冻胀位移接近 25.32mm，该数值是冻结管底部土体最大冻胀位移的两倍。

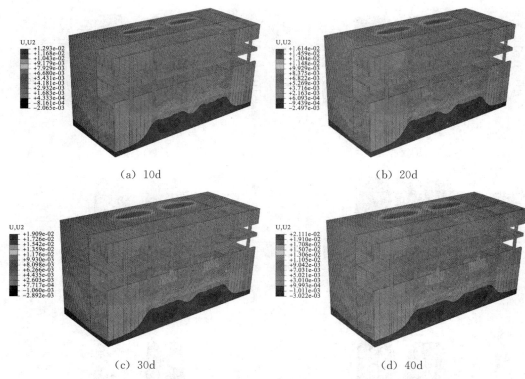

（a）10d （b）20d

（c）30d （d）40d

图 6－18　既有车站中柱处纵截面积极冻结期竖向位移云图（单位：m）

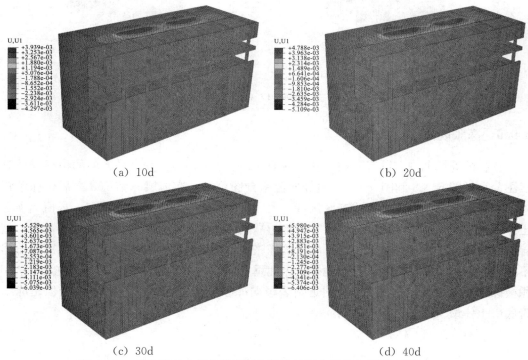

（a）10d （b）20d

（c）30d （d）40d

图 6－19　既有车站中柱处纵截面积极冻结期水平位移云图（单位：m）

地层水平方向位移场计算云图表明，在积极冻结过程中，水平冻结区域的水平冻胀位移不明显，其主要原因在于地下连续墙的约束作用。垂直冻结区域的水平冻胀较为明显，以垂直冻结壁为中心向两侧递减。

在维护冻结期内，既有车站中柱处纵截面地层－结构竖直和水平方向的位移场计算云图分别见图 6－20 和图 6－21。由竖向位移云图可知，进入维护冻结期之后，在其初期阶段，地层竖向冻胀位移变化较小，冻胀核心区域的位移大小略微有所降低，这主要是由于土体开挖后隧道内部的空气对流散热作用造成的。在这一过程中，土体开挖工程本身反而对于位移场的影响较小，因为此时冻土帷幕已经具有较高的强度，结构也较为完整，可以对周围土体起到良好的支撑作用，因而可以有效减小对于位移场的影响；同时，衬砌的及时修筑也可以进一步降低土体开挖作业对于地层位移场的扰动。在隧道内部形成热对流平衡之后，随着冻结过程的继续进行，地层的竖向冻胀位移进一步增大，冻胀范围也逐渐向四周扩展。最大的竖向冻胀位移位于隧道中轴线的地表位置。在维护冻结期结束时，地表最大竖向位移接近 30.6mm。

在土体维护冻结过程中，地层水平冻胀位移场的分布基本没有明显变化，随着冻结过程的持续进行，水平方向位移也逐渐增大。在维护冻结期结束后，最大水平冻胀位移值达到了 8.3mm。

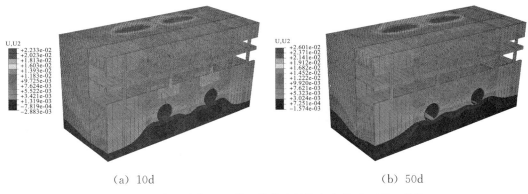

(a) 10d　　　　　　　　　　(b) 50d

图 6－20　既有车站中柱处纵截面维护冻结期竖向位移云图（单位：m）

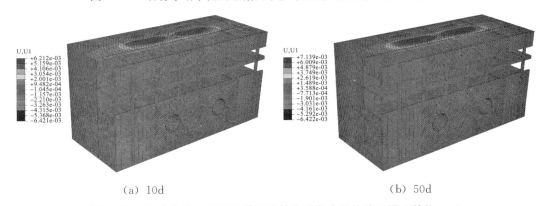

(a) 10d　　　　　　　　　　(b) 50d

图 6－21　既有车站中柱处纵截面维护冻结期水平位移云图（单位：m）

既有车站积极冻结期和维护冻结期的竖直位移场计算云图分别见图 6－22 和图 6－23。

由图可知，在双线隧道同时冻结过程中，土体体积由于温度下降而增大，因而对车站底板产生冻胀作用，导致车站结构发生变形现象。上、下行线隧道中心线上方是车站底板的竖向变形最大位置。在积极冻结期内，即双线隧道冻结45d后，车站结构的最大冻胀为12.3mm。在维护冻结期内，车站结构的冻胀量缓慢增加，维护冻结期结束时，车站结构的最大冻胀为16.1mm。

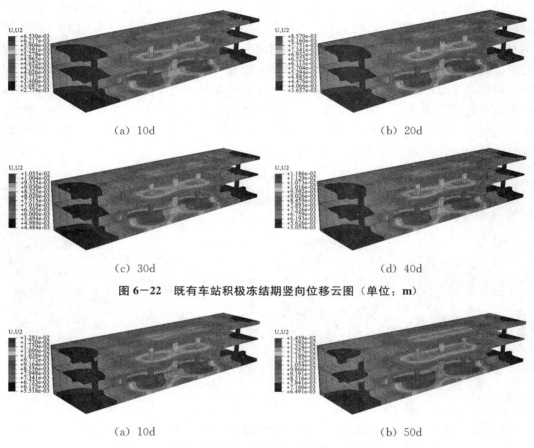

(a) 10d

(b) 20d

(c) 30d

(d) 40d

图6-22 既有车站积极冻结期竖向位移云图（单位：m）

(a) 10d

(b) 50d

图6-23 既有车站维护冻结期竖向位移云图（单位：m）

6.9.6 融沉规律

人工冻结施工中形成的冻结壁为临时支护结构，当隧道衬砌结构修建完毕，冻结管停止供冷则冻结壁进入解冻期。在冻结壁解冻过程中，随着土层温度上升，冻结土体逐渐融化，伴随着土体中冰侵入体的消融出现固结，土体体积收缩且承载力降低，进而在地表产生融沉现象。

在盾构隧道完成土体开挖并通过既有车站后，停止了冷冻盐水循环，进入冻结壁的自然解冻期。既有车站中柱处纵截面自然解冻期内的竖向和水平位移场计算云图分别见图6-24和图6-25。从竖向位移云图可以看出，在20d内的自然解冻期内，地层的竖向位移分布基本没有太大变化，而随着解冻过程的进行，之前冻结期内积累的冻胀竖向位移不断减小；当解冻至 100d 后，地层产生了明显的土体融沉现象。

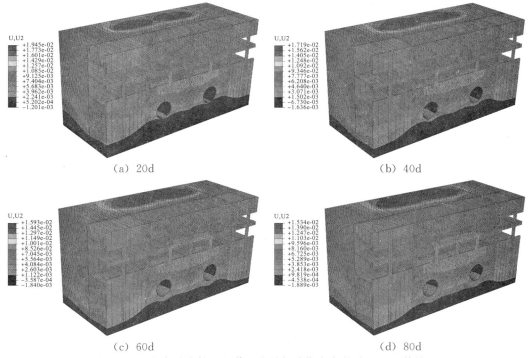

(a) 20d　　　　　　　　　　(b) 40d

(c) 60d　　　　　　　　　　(d) 80d

图 6−24　既有车站中柱处纵截面自然解冻期竖向位移云图（单位：m）

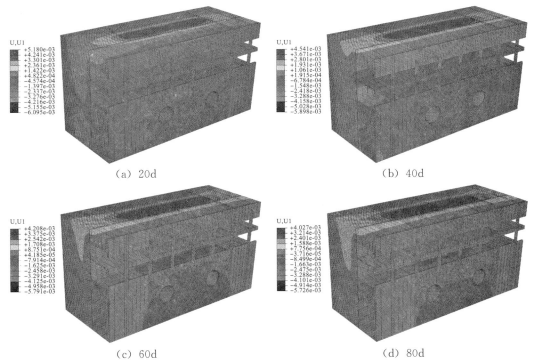

(a) 20d　　　　　　　　　　(b) 40d

(c) 60d　　　　　　　　　　(d) 80d

图 6−25　既有车站中柱处纵截面自然解冻期水平位移云图（单位：m）

与维护冻结期结束时的竖向位移云图相比，竖向位移在解冻 10d 内变化较小，降幅不足 2.0mm。而根据之前的温度场计算分析结果可知，同期范围内的温度上升幅度较大。这说明在解冻初期，尽管冻土帷幕温度迅速上升，然而并未达到冰水相变温度区间，冻土并未真正开始解冻，因而位移场变化幅度较小；而之后随着土体逐渐开始解冻，当解冻至 50d 时，相对融沉竖向位移达到了 11.9mm。

既有车站积极冻结期和维护冻结期的竖直位移场计算云图见图 6—26。从图中可以看出，在 20d 内的自然解冻期内，地层的竖向位移分布基本没有太大变化，而随着解冻过程的进行，之前冻结期内积累的冻胀竖向位移不断减小。

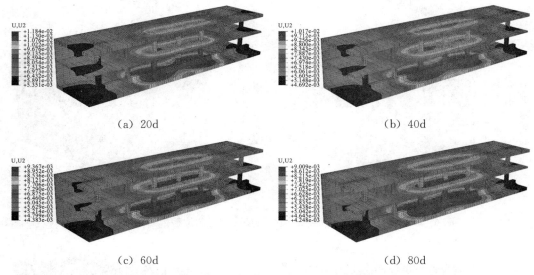

(a) 20d

(b) 40d

(c) 60d

(d) 80d

图 6—26　既有车站自然解冻期竖向位移云图（单位：m）

第 7 章　城市敏感区域穿越既有线路克泥效沉降控制技术

盾构开挖造成的地层位移可分为先行地层位移、开挖面前的地层位移、盾构机通过时的地层位移、盾尾间隙处的地层位移、后续地层位移 5 个阶段。近年来，在城市敏感环境盾构施工逐渐引入克泥效工法来对环向间隙进行及时填充。该工法的本质是在盾构通过时向中盾环向布置的注浆孔向环向间隙内注入克泥效浆液，从而减少因超挖引起的地层位移。本章从克泥效工法的原理出发，对克泥效浆液的微观成分、流变性能、扩散性能等进行了研究。

7.1　克泥效工法技术原理

当城市地铁工程采用盾构法施工时，开挖造成的地层位移大致可以分为 5 个阶段，见图 7—1。大量的施工案例表明，盾构通过时产生的沉降占总沉降值的 15%～35%，不可忽略。

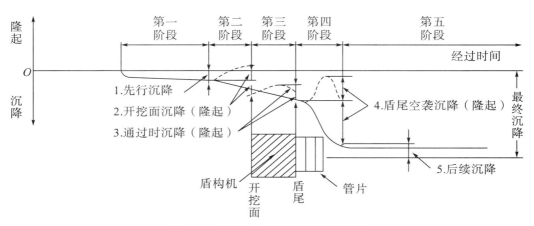

图 7—1　盾构施工地层位移阶段示意图

环向间隙在盾构通过时没有得到及时的填充，导致刚开挖完的土体得不到有效支承，这是第三阶段地层位移较大的最主要原因。国内近年来从日本引进克泥效工法，使用克泥效浆液来对环向间隙进行有效填充，辅助盾构施工。克泥效工法的本质是在盾构通过时，由中盾环向布置的注浆孔，往环向间隙内注入克泥效浆液，从而减少因超挖引起的地层位移。工程效果对比见图 7—2。

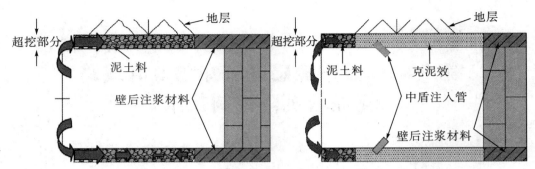

图 7-2 环向间隙注入克泥效浆液效果对比

克泥效工法施工流程主要包括以下 5 个步骤。

（1）盾构机提前改造：克前对盾构机中盾内部的空间进行协调改造得以容纳一体化设备，并在中盾环向提前开设注浆孔位。

（2）注浆设备搭建：在中盾内部安装拌浆、注浆、监测一体化设备，并连接相应管路、畅通材料运输道路、保证水电线路独立。

（3）地层性质获取：收集开挖地层的水土压力、地层性质、超挖量，并结合盾构机的推进速度来综合确定克泥效浆液的材料配比、拌和工艺、注浆参数等施工参数。

（4）中盾注浆工作：提前设定好浆液的配比以及注浆参数，在盾构隧道近距离下穿既有结构的影响区域前 10 环开始同步打开注浆管球阀在中盾进行克泥效浆液的注入工作，在穿越影响区域 10 环后结束克泥效浆液的注入。

（5）地层位移监测：在既有结构的沉降监测点架设静力水准仪，同步监测其沉降（隆起）值，确保既有结构功能性完整。

7.2 克泥效浆液材料特性

中盾注浆工作对注浆浆液提出了严苛的要求。在中盾注浆的同时，盾构机仍需向前推进，这要求注浆材料具有一定的润滑性，不可在短时间内硬化而阻碍盾构前行；为使环向间隙达到良好的填充效果，要求材料具有良好的流动性，能够充分地流淌到盾壳外的环向间隙；为使环向间隙达到良好的支承作用，要求材料具有一定的承载力，以支撑土体的下陷。克泥效浆液满足了上述要求，其特点和优势如下：

（1）克泥效浆液是一种双浆液注浆材料，由 A 液和 B 液混合而成，其中 A 液为克泥效粉和水的混合物，B 液为水玻璃。为了便于区分材料各组成成分，将用于制备 A 液的颗粒物材料称为克泥效粉，将 A、B 两液混合后的产物称为克泥效浆液。A 液和 B 液在未混合时均成流体状态具有很高的流动性。当 A 液和 B 液混合时能迅速转变为胶凝状态的克泥效浆液，混合液在扩散过程中相较于传统的双浆液材料具有更好的流动性，更易在环向间隙中流淌，从而对其有效填充。

（2）流淌填充后，克泥效浆液会在 20~30s 内进一步反应，胶凝成一种塑性相对较大的塑状黏土。

104

（3）胶凝后的克泥效浆液具有良好的防水保水性，不易被地下水稀释，且具有一定的润滑性，可减少盾壳表面的摩擦力，有助于盾构继续在地层中推进。

（4）克泥效浆液具有成膜性。采用克泥效对环向间隙的填充会使得盾壳与土体之间生成泥膜，能够有效地防止管片壁后同步注浆的浆液蹿流至刀盘前方，使壁后注浆的工程效果得到大幅度提升，进一步辅助提升管片脱离盾尾间隙后的沉降控制效果。

7.2.1 克泥效浆液流变模型

克泥效浆液属于典型的可塑型双浆液材料，具有流失少、充填性好、体积收缩低等优点，目前已成为中盾注浆的首选材料。克泥效工法对注浆设备、施工技术要求较高，且原料价格较贵。因此，对克泥效浆液的流变模型、浆液配比、注浆工艺、搅拌工艺等需要有较高精度的把控。

注浆工作的重点为浆液的泵送和其在土层中的扩散，因此研究一种新型的注浆材料，应将其流变性能的研究作为重点。对材料流变性能的认识，总是在特定的形变和流动条件下进行的。浆液的流变性能从一种最简单的流变模型——简单剪切流开始，进而研究其在简单剪切流中不同的力学性质。

1）简单剪切流

假设相距 h 的两块平板之间充满流体，当使用一个恒定力 F 拉动上方平板以 u_0 的速度运动时，上方平板会带动板间流体运动（见图 7-3），位于上方平板一侧的流体速度为 u_0，位于下方平板一侧的流体速度为 0。

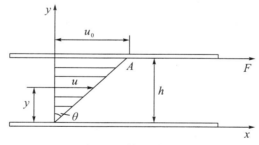

图 7-3　简单剪切流

板间流体的流速可表示为：

$$u = \dot{\gamma} y \tag{7.1}$$

$$\dot{\gamma} = \frac{u}{y} = \frac{u_0}{h} = \tan\theta = \text{const} \tag{7.2}$$

式中，$\dot{\gamma}$ 为流速梯度。满足式（7.1）流速分布的流动称为简单剪切流。

2）牛顿内摩擦定律

当流体流动时，流体会受到切应力的作用，在简单剪切流模型中满足式（7.3）的称为牛顿流体。

$$\tau = \mu \dot{\gamma} \tag{7.3}$$

式中，μ 为牛顿流体的动力黏度。

对克泥效浆液展开初步的流变性能测试发现克泥效浆液在简单剪切流中不满足式

（7.3），并且具有剪切稀化的性质，不属于牛顿流体。

3）非牛顿流体分类

对于非牛顿流体，通常把切应力和应变速度之比定义为非牛顿流体的表观黏度，它是一个变化的函数值。非牛顿流体具体分类见表7-1。

表7-1 非牛顿流体分类

名称	切应力表达式
幂律流体	$\tau = k\dot{\gamma}^n$
卡森流体	$\tau^{1/2} = \tau_c^{1/2} + (\eta_c\dot{\gamma})^{1/2}$
宾汉姆流体	$\tau = \tau_0 + \eta_p\dot{\gamma}$
Herschel-Bulkley 流体	$\tau = \tau_0 + k\dot{\gamma}^n$

克泥效浆液可用宾汉姆流体本构来表征其流变性能，其本构方程为：

$$\tau = \tau_0 + \eta_p\dot{\gamma} \tag{7.4}$$

式中，屈服应力和塑性黏度与 A 液泥水配比、B 液掺入比、膨化时间、拌和条件等因素有关。宾汉姆流体的表观黏度可表示为：

$$\eta = \frac{\tau}{\dot{\gamma}} = \eta_p + \frac{\tau_0}{\dot{\gamma}} \tag{7.5}$$

宾汉姆流体是一种特殊的多相流体，它的流变性质是由其内部结构的特殊性质所决定的，而单相液体则不会出现屈服应力的情况。克泥效浆液是一种由分散相颗粒分散在连续相中的多相流体。这些颗粒之间有强烈的相互作用，使得静止时形成空间网状结构，而只有施加足够的切应力，才能破坏这个空间网状结构，使得流体开始流动。这个切应力称为屈服应力。屈服应力的大小取决于分散相颗粒的浓度和表面物理化学性质，可以通过改变分散相颗粒表面的物化性质来降低屈服应力，从而得到更好的流动性能。在隧道注浆等实际应用中，这一点具有重要意义。

依据宾汉姆流体的表观黏度函数可知，宾汉姆流体的表观黏度与剪切速率呈反比例关系，表观黏度随剪切速率的增大而减小，即宾汉姆流体存在剪切稀化的性质。宾汉姆流体内部物质形成的空间网状结构，随着剪切进行，结构逐渐被破坏，表观黏度随剪切速率的增大而减小。

综上所述，克泥效浆液的流变性能会受到各分散相的固体颗粒的浓度、剪切作用中破坏网状结构形成的作用速率和作用时间等因素的影响。从工程实际应用的角度解释即是克泥效浆液的流变性能受到浆液浓度、搅拌效果的影响。

7.2.2 克泥效水化搅拌机理

1）克泥效水化机理

克泥效粉中的主要化学成分伊利石 $K_{0.7}Al_2(SiAl)_4O_{10}(OH)_2$ 被认为是一种水化硅酸铝。当克泥效粉加水拌和时，其表面的矿物质成分与水分子迅速发生水化作用，形成水分子层。随着水化作用持续进行，TOT 单元层间空隙将被水分子（H_2O）填充，水化作用进一步向克泥效粉颗粒内部深化产生连续的晶体空间网状结构。在 A 液的制备过程中，搅拌作用能够有效地使克泥效粉在有效容积内均匀分布，从而加速克泥效粉的水化进程。

如果在水化过程中连续搅拌的时间太长，水化产物内部连续的空间网状结构可能会遭到破坏，克泥效浆液内部将很难形成稳定的微观结构。因此，搅拌时间是影响克泥效浆液水化作用的一个重要因素。

2）克泥效搅拌机理

克泥效浆液的搅拌是一动态的发展和变化过程，要使克泥效浆液在搅拌过程中达到理想的均匀混合状态是相当困难的。A、B 混合液在搅拌后内部会形成连续的晶体空间网状结构，当有效容积内的晶体空间网状结构达到饱和状态时，进一步的搅拌会使得这种结构遭到破坏，因此这种结构在搅拌过程中是动态存在的。克泥效浆液的搅拌过程中主要包含以下三种运动：

①对流运动。克泥效粉在按照既定泥水比加水搅拌的前期，分布在容器各位置的克泥效颗粒在搅拌作用下获得不同的速度和轨迹。泥水混合物在容器内形成对流运动，使其在宏观上达到初步的均匀化分布。

②扩散运动。当克泥效粉在容器中已达到宏观意义上的均匀时，继续搅拌会使水分子进入 TOT 单元层间的空隙，在这个小范围空间内发生扩散运动。该运动使得克泥效粉中的各个组分表面形成良好的结合，使混合达到微观上的均匀化分布。

③剪切运动。当 A 液充分水化后加入 B 液进行搅拌，克泥效浆液在宏观上会迅速呈现出凝胶状态。此时的搅拌作用会使混合物之间产生剪切运动，剪切运动会使这种宏观上的初始凝胶聚合物分散，从而保证 A、B 两液内部成分充分混合达到最终的均匀化分布。

综上所述，克泥效浆液流变性能的影响因素可以从水化机理和搅拌机理两方面分别得到。在水化机理方面，水化作用是一种放热反应，产生的热量会直接影响分子间热运动，从而间接影响克泥效浆液性能。影响因素主要有膨化时间和 A 液水粉比。在搅拌机理方面，搅拌作用有助于克泥效混合均匀，加速水化作用。影响因素主要有搅拌时间和搅拌速率。

7.3　克泥效浆液微观成分

影响克泥效浆液流变性能的因素主要有搅拌时间、搅拌速率、膨化时间、A 液水粉比。室内实验设置四大类共 19 组工况，具体工况设置见表 7-2。

表 7-2 工况设置

影响因素	工况编号	搅拌时间/min	搅拌速率/（r/min）	A液水粉比	B液掺入比	膨化时间/min
搅拌时间	1-1	30	150	3	1：20	10
	1-2	60	150	3	1：20	10
	1-3	90	150	3	1：20	10
	1-4	120	150	3	1：20	10
	1-5	150	150	3	1：20	10
	1-6	240	150	3	1：20	10
搅拌速度	2-1	120	50	3	1：20	10
	2-2	120	70	3	1：20	10
	2-3	120	110	3	1：20	10
	2-4	120	130	3	1：20	10
	2-5	120	150	3	1：20	10
膨化时间	3-1	120	110	3	1：20	10
	3-2	120	110	3	1：20	60
	3-3	120	110	3	1：20	120
A液水粉比	4-1	120	70	2	1：20	10
	4-2	120	70	2.5	1：20	10
	4-3	120	70	2.7	1：20	10
	4-4	120	70	3	1：20	10
	4-5	120	70	3.2	1：20	10

为进一步研究克泥效浆液的水化搅拌机理，首先对克泥效浆液进行 X 射线衍射试验（见图 7-4），分析克泥效粉及不同配比克泥效浆液的物质成分。XRD 试验参数设置如下：衍射角度范围为 10°～90°；扫描速率为 10°/min。试验前期试样粉末准备工作如下：

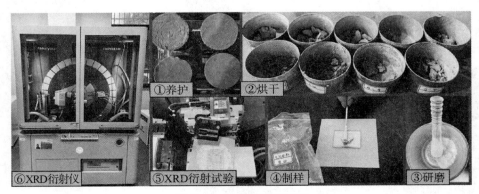

图 7-4 X 射线衍射试验

（1）按照不同 A 液水粉比、B 液掺入比制备克泥效浆液后在室温条件下养护 3d。

（2）将养护完成的克泥效浆液送入烘箱进行烘干、研磨、过 200 目筛后取粉末制样进行 XRD 测试。

克泥效粉加水并混合 B 液后产出的成品克泥效的成分组成与克泥效粉高度一致。其主要成分含有伊利石 $K_{0.7}Al_2(SiAl)_4O_{10}(OH)_2$、斜长石 $NaAlSi_3O_8$、石英 SiO_2、钾长石 $K(AlSi_3O_8)$。克泥效中伊利石的含量最多、钾长石的含量最少。

各工况的克泥效成分含量关系见图 7-5 和图 7-6。随着 A 液水粉比的增大，克泥效浆液中的伊利石含量呈现出先增大后减小的趋势。当 A 液水粉比增加时，克泥效粉水化反应逐步深化，水化产物伊利石含量逐步增加。在 A 液水粉比为 2.7 时出现拐点，伊利石含量下降。伊利石含量下降的原因为：当水粉比大于 2.7 时，克泥效粉水化作用已达到饱和，继续增大泥水比会对水化作用产生抑制作用。在固定 B 液掺入比的情况下，更大的水粉比使得 B 液的掺入量增大，产物石英受水玻璃的掺入量影响更甚，因此产物石英含量增加，伊利石含量减小。随着 A 液水粉比的增大，克泥效浆液中的石英含量呈现出先减小后增大的趋势。石英是克泥效的主要强度来源，与屈服应力高相关。随着 B 液掺入比的减小，石英含量呈下降趋势、伊利石含量呈上升趋势。克泥效是一种流固态形态的注浆材料，B 液掺入比的减小使得克泥效的流动性增强。

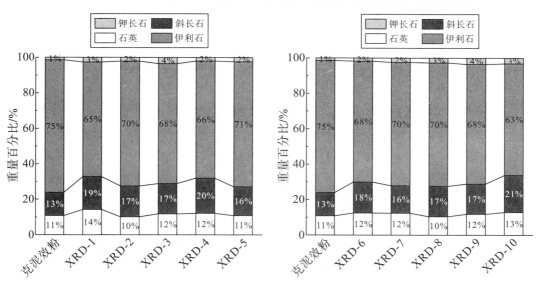

图 7-5　工况 XRD-1~5 试样成分含量变化　　　图 7-6　工况 XRD-6~10 试样成分含量变化

7.4　克泥效浆液流动性能

采用 NB-1 型泥浆比重计对克泥效浆液进行比重测试。克泥效比重测定试验流程见图 7-7。工况 1-1 至工况 4-5 的比重试验结果见表 7-3。本研究所设置的工况可主要分为制备过程和材料配比两方面，其中制备过程对材料性能造成影响的主要因素有搅拌时间、搅拌速率、膨化时间三项。固定克泥效浆液配比的情况下，克泥效的制备过程中的搅拌时间、搅拌速率、膨化时间对克泥效比重的几乎无影响。在材料配比方面，当增大 A 液水粉比时，克泥效粉加水进行水化反应，更多的水分子进入 TOT 层间的两层空隙深入水化作用的进程，提高水化产物含量。克泥效的比重随着克泥效 A 液水粉比的增大而轻微增大。

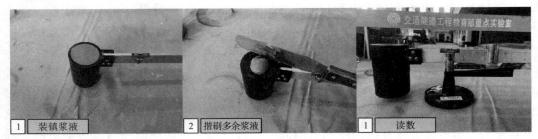

图 7-7　比重试验流程

表 7-3　克泥效试样比重试验结果

影响因素	搅拌时间						膨化时间		
工况	1-1	1-2	1-3	1-4	1-5	1-6	3-1	3-2	3-3
比重 /(g·cm⁻³)	1.15	1.15	1.15	1.15	1.15	1.15	1.15	1.15	1.15

影响因素	搅拌速率					A 液水粉比				
工况	2-1	2-2	2-3	2-4	2-5	4-1	4-2	4-3	4-4	4-5
比重 /(g·cm⁻³)	1.15	1.15	1.15	1.15	1.15	1.14	1.14	1.15	1.15	1.16

克泥效浆液流动度试验参照《水泥胶砂流动度测定方法》（GB/T 2419—2005）中水泥胶砂流动度测定方法，测定各工况设置下克泥效浆液的流动度。所用截锥圆模高 60mm、上口内径 60mm、下口内径 100mm，金属材料制成的捣棒直径为 20mm，长度为 200mm。具体试验流程见图 7-8。

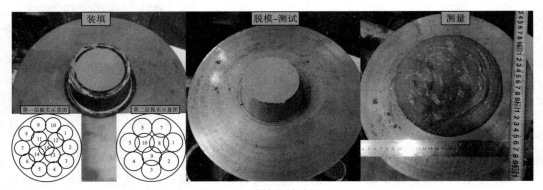

图 7-8　流动度试验流程图

根据工况 1-1 至工况 4-5 的流动度试验结果，分别以流动度为纵坐标，搅拌时间、搅拌速率、膨化时间、A 液水粉比为横坐标，绘制流动度随各影响因素变化的柱状图，分别见图 7-9～图 7-12。

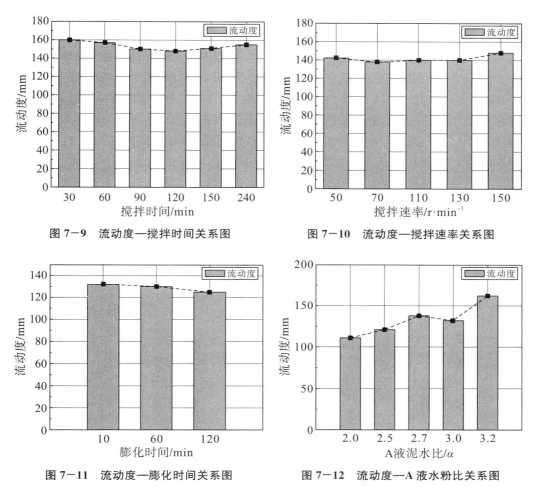

图 7-9　流动度—搅拌时间关系图　　　图 7-10　流动度—搅拌速率关系图

图 7-11　流动度—膨化时间关系图　　　图 7-12　流动度—A 液水粉比关系图

克泥效的流动度随着搅拌时间的增加呈现出先减小趋势，当搅拌时间达到前文所述的"最佳搅拌时间"后克泥效流动度呈现出随搅拌时间的增加而增大的趋势；克泥效的流动度随搅拌速率的增大呈现出先减小的趋势，当搅拌速率达到"最盈搅拌速率"后克泥效流动度呈现出随搅拌速率的增加而增大的趋势；克泥效的流动度随着膨化时间的增大呈现出减小的趋势；克泥效的流动度随着 A 液水粉比的增大呈现出增大的趋势。

综上所述，克泥效的流动度随各影响因素的变化规律与表观黏度随各影响因素的变化规律呈现相反趋势，进一步验证了克泥效浆液流变采样试验结果准确性。

7.5　克泥效浆液流变性能

参照《液体黏度的测定》（GB/T 22235—2008）中黏度测定方法，采用上海方瑞仪器有限公司 RVDV－1T（无级变速）旋转黏度计，对克泥效浆液开展流变采样试验。每个工况测试两次，验算两次测量结果误差是否小于 10%，若误差大于 10% 则测量第三次。在电脑端设置流变采样参数如下：起始速度 1r/min，结束速度 50r/min，间隔时间（间隔条件）120s，间隔速度 1r/min。

以剪切速率为横坐标、表观黏度为纵坐标，绘制不同工况的流变曲线；以各工况影响因素为横坐标、屈服应力为纵坐标，绘制不同工况下的屈服应力曲线。

由图 7－13 和图 7－14 可知，克泥效浆液的表观黏度随着剪切速率的增加而减小，流变曲线表现出克泥效浆液假塑性的特征。表观黏度和屈服应力随着克泥效浆液搅拌时间的增加先增大后减小，在 120min 处出现拐点，此时表观黏度峰值为 128.54Pa·s，屈服应力为 105.35Pa。这是因为当搅拌达到一定时间后可认为 A、B 两液已搅拌充分，从微观层面可解释为在有效容积内布满了连续的空间网状结构，此时表观黏度和屈服应力达到最大值，本研究称此时间为"最盈搅拌时间"。当超过最盈搅拌时间后，材料内部的连续空间网状结构会随搅拌的继续发生破坏，此时表观黏度和屈服应力随搅拌时间开始下降。

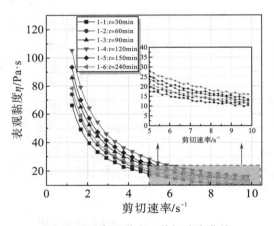

图 7－13　表观黏度—剪切速率曲线

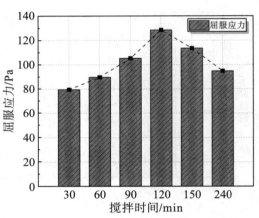

图 7－14　屈服应力—搅拌时间曲线

由图 7－15 和图 7－16 可知，克泥效浆液的表观黏度和屈服应力随着搅拌速率的增加先增大后减小，在 70r/min 时出现拐点，此时表观黏度峰值为 254.71Pa·s，屈服应力为 313.1Pa。克泥效浆液是一种具有剪切稀化性质的假塑性非牛顿流体，在固定搅拌时间的情况下，搅拌速率过慢难以使 A、B 两液搅拌充分，搅拌速率过快则会导致 A、B 两液搅拌过盈，达到最佳搅拌效果后开始破坏浆液内部空间网状结构使得表观黏度和屈服应力降低。由实验结果可知，当搅拌速率为 70r/min 时，克泥效浆液表观黏度和屈服应力值达到最大值。本研究称此搅拌速率为最佳搅拌速率。

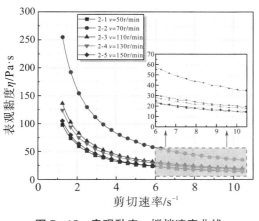

图 7-15　表观黏度—搅拌速率曲线

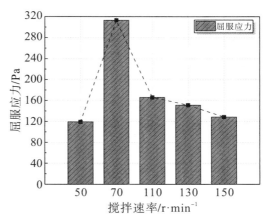

图 7-16　屈服应力—搅拌速率曲线

由图 7-17 和图 7-18 可知，克泥效浆液的表观黏度和屈服应力随膨化时间的增加而增大，流变曲线随膨化时间增大整体上移。克泥效浆液水化过程是一种放热过程，随着膨化时间的增加，放热效应逐渐减弱，分子间热运动也随之减弱，克泥效浆液内部分子结构逐渐稳定。因此，克泥效浆液的表观黏度和屈服应力随着膨化时间的增加而增大，这种影响效应随着膨化时间的增大而减弱。当膨化时间一直增加时，克泥效浆液的屈服应力增长速率会逐渐减小。

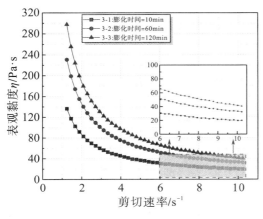

图 7-17　表观黏度—膨化时间曲线

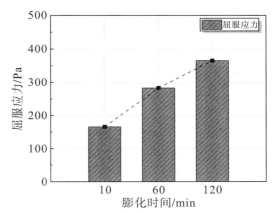

图 7-18　屈服应力—膨化时间曲线

由图 7-19 和图 7-20 可知，采用最盈搅拌时间、最佳搅拌速率制备克泥效浆液的情况下，克泥效浆液的表观黏度和屈服应力会随着 A 液水粉比的增大先减小后增大再减小（整体呈减小趋势），A 液水粉比为 2.0 时浆液黏度最大，此时表观黏度峰值为 342.37Pa·s，屈服应力为 420.9Pa，相反趋势出现于 A 液水粉比为 3.0 时，此时表观黏度峰值为 254.68Pa·s，屈服应力为 313.1Pa。由于固定 B 液掺入比，当 A 液水粉比发生变化时，B 液的掺入量液随之改变。根据试验结果可认为，当 A 液水粉比处于 2.7~3.0时，B 液掺入量对于表观黏度和屈服应力的影响效果强于 A 液水粉比。

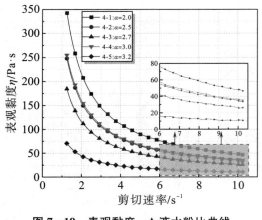

图 7-19　表观黏度—A 液水粉比曲线

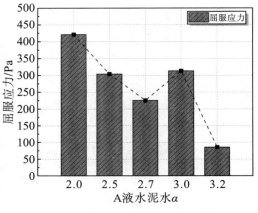

图 7-20　屈服应力—A 液水粉比曲线

7.6　克泥效浆液扩散性能

中盾注浆的核心思想是对环向间隙进行临时填充，其所用的克泥效浆液流动性较好，需要的泵送注浆压力较小。同时，克泥效浆液不会随时间而硬化，浆液扩散至土体内部后对土颗粒之间产生黏聚效应，从而起到加固土体的作用。因此，本研究认为中盾注浆工作中，克泥效浆液在地层中不易进入压密扩散阶段和劈裂扩散阶段，仅存在填充扩散阶段和渗透扩散阶段。以下对克泥效浆液在地层中的填充扩散阶段和渗透扩散阶段进行进一步研究。

7.6.1　填充扩散阶段

填充扩散阶段存在于中盾注浆开始阶段，此阶段克泥效浆液将在环向间隙内进行流淌填充。由于盾构机在千斤顶推力的作用下前行，位于中盾外侧的土体不再受到刀盘掌子面推力，环向间隙周围的地层会向盾壳方向收敛变形，导致环向间隙空间减小。克泥效浆液填充范围也将随之减小。此外，克泥效浆液的填充范围也与其流变性能、注浆压力等因素的相关。一般情况下，注浆压力越大，浆液剪切运动速度越快、表观黏度越小，浆液填充范围越大。

在实际施工过程中，受到地下水浮力和盾构机自重等因素的影响，环向间隙不会呈现出理想的均匀圆环形态，克泥效浆液在环向间隙中的填充扩散过程一般简化为整体填充和局部填充，见图 7-21。

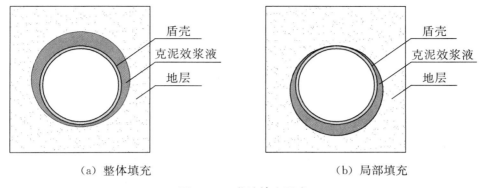

（a）整体填充　　　　　　　　　　　　（b）局部填充

图 7-21　浆液填充形式

7.6.2　渗透扩散阶段

当开挖地层渗透性较大时，克泥效浆液在完成环向间隙中的填充扩散过程后，并受到注浆压力的持续推动，浆液会进一步往地层颗粒间的孔隙压入，替换空隙间的水或空气。浆液往地层孔隙里压入的过程称为克泥效浆液的渗透扩散阶段。浆液的渗透扩散范围受到地层渗透性、浆液性能、注浆参数等因素的影响。当注浆压力不足以克服浆液在地层空隙间流动所受到的摩阻力时，浆液的渗透扩散终止。停止渗透时最远处浆液与注浆孔之间的距离为浆液的扩散距离。浆液的扩散方式通常为球面、柱面扩散两种，见图 7-22。

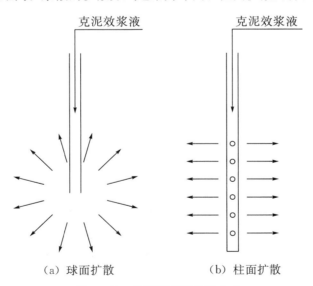

（a）球面扩散　　　　　　　　　　　（b）柱面扩散

图 7-22　注浆管浆液扩散方式

针对克泥效注浆后在地层中形成的结泥体，开展克泥效在地层中注浆的渗透扩散规律研究，以此判断克泥效工法中各个参数对渗透扩散距离、注浆效果的影响及主次关系。正交试验设计 3 因素 4 水平的控制参数，外加 1 列误差列，所以各因素自由度之和为：因素个数×（水平数-1）=5×（5-1）=20，故选用 $L_{16}(4^4)$ 正交表。具体试验设计见表 7-4 和表 7-5。

表 7-4 克泥效注浆渗透扩散性表头设计

因素水平	A 液水粉比 α	地层渗透系数 K /(cm·s^{-1})	注浆压力 P /kPa	误差列
1	2.0	0.014	150	1
2	2.5	0.040	200	2
3	3.7	0.103	250	3
4	3.2	0.145	300	4

表 7-5 克泥效注浆渗透扩散性设计试验表

试验组合	因素 A（A 液水粉比）	因素 B（地层渗透系数）	因素 C（注浆压力）	因素 D（误差列）
S1	α_1 (2.7)	K_1 (0.014)	P_1 (150kPa)	1
S2	α_1 (2.7)	K_2 (0.040)	P_2 (200kPa)	2
S3	α_1 (2.7)	K_3 (0.103)	P_3 (250kPa)	3
S4	α_1 (2.7)	K_4 (0.145)	P_4 (300kPa)	4
S5	α_2 (3.0)	K_1 (0.014)	P_2 (200kPa)	3
S6	α_2 (3.0)	K_2 (0.040)	P_1 (150kPa)	4
S7	α_2 (3.0)	K_3 (0.103)	P_4 (300kPa)	1
S8	α_2 (3.0)	K_4 (0.145)	P_3 (250kPa)	2
S9	α_3 (3.2)	K_1 (0.014)	P_3 (250kPa)	4
S10	α_3 (3.2)	K_2 (0.040)	P_4 (300kPa)	3
S11	α_3 (3.2)	K_3 (0.103)	P_1 (150kPa)	2
S12	α_3 (3.2)	K_4 (0.145)	P_2 (200kPa)	1
S13	α_4 (3.4)	K_1 (0.014)	P_4 (300kPa)	2
S14	α_4 (3.4)	K_2 (0.040)	P_3 (250kPa)	1
S15	α_4 (3.4)	K_3 (0.103)	P_2 (200kPa)	4
S16	α_4 (3.4)	K_4 (0.145)	P_1 (150kPa)	3

克泥效浆液在注浆压力的作用下向地层中压入，在地层中发生填充扩散和渗透扩散，整个注浆试验过程将持续一段时间。试验假设在注浆过程中，注浆量持续 60s 保持不变时认定为终浆。

由图 7-23～图 7-26 可知：

（1）在注浆过程中随着时间推移，克泥效浆液注浆量上升最终趋于稳定。克泥效浆液-注浆时间的变化曲线可分为两段：第一段表征浆液的填充扩散阶段，其注浆速率远远大于第二阶段，在恒定压力的加持下注浆速率基本不变；第二段表征浆液的渗透扩散阶段，其起始注浆速率衔接上阶段的注浆速率后开始急剧下降最终趋于零。

（2）浆液在填充扩散阶段的注浆速率随着注浆压力的增大而增大，呈现出强烈的正相关性。

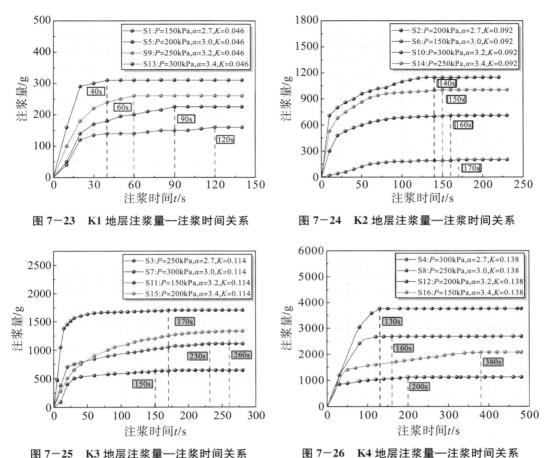

图 7-23　K1 地层注浆量—注浆时间关系　　　图 7-24　K2 地层注浆量—注浆时间关系

图 7-25　K3 地层注浆量—注浆时间关系　　　图 7-26　K4 地层注浆量—注浆时间关系

（3）在 K1、K2、K3、K4 各地层工况中，注浆量分别在开始注浆后的 1～2min、2～3min、2～5min、2～7min 内达到最大值并趋于稳定。在正交试验结果分析之前，从试验结果的直观分析可知，克泥效浆液在地层中的终浆时间随着地层渗透系数的减小而减小，终浆时间与地层渗透系数有强烈正相关性。

（4）在 K1、K2、K3、K4 各地层工况中，终浆量分别处于 100～400g、100～1200g、500～1600g、900～4000g 区间。在正交试验结果分析之前，从试验结果的直观分析可知，克泥效浆液在地层中的终浆量随着地层渗透系数的增大而增大，终浆量与地层渗透系数有强烈正相关性。

不同工况下终浆时间变化曲线见图 7-27。工况 16（A 液水粉比 3.4、K4 地层渗透系数 0.138、注浆压力 150kPa）的终浆时间最大，达到 380s；工况 13（A 液水粉比 3.4、K1 地层渗透系数 0.046、注浆压力 300kPa）的终浆时间最小，为 40s。通过极差值可知，地层渗透系数的影响因素最大，注浆压力次之，A 液水粉比最小。故对于终浆时间的各影响因素的主次关系为：因素 B（地层渗透系数 K）→因素 C（注浆压力 P）→因素 A（A 液水粉比 α）。克泥效工法施工要求克泥效浆液对环向间隙进行快速填充，从而抑制地层沉降。因此在克泥效工法中，终浆时间越小，对于地层沉降的控制越及时，从而得到更好的沉降控制效果。从直观分析来看，当 A 液水粉比 α 增大时，终浆时间会先减小后增大；当地层渗透系数 K 增大时，终浆时间呈增大趋势；当注浆压力 P 增大时，终浆时间呈减小趋势。三种因素对于克泥效工法的终浆时间均有不同程度的影响，终浆时间的最优参数组合为 $B_1C_4A_3$。

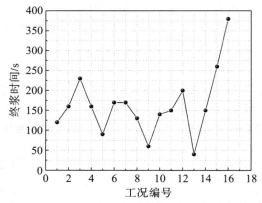

图 7-27   不同工况下终浆时间变化曲线

不同工况下终浆量变化曲线见图 7-28。工况 8（A 液水粉比 3.0、K4 地层渗透系数 0.138、注浆压力 250kPa）的终浆量最大，达到 3760g；工况 1（A 液水粉比 2.7、K1 地层渗透系数 0.046、注浆压力 150kPa）的终浆量最小，为 160g。通过极差值可知，地层渗透系数的影响因素最大，注浆压力次之，A 液水粉比最小。故对于终浆量的各影响因素的主次关系为：因素 B（地层渗透系数 K）→因素 C（注浆压力 P）→因素 A（A 液水粉比 α）。克泥效工法施工过程中，克泥效浆液终浆量越大，表明浆液向洞周土体内部渗透量越大，开挖后受克泥效浆液渗透扩散的土体加固效果更好。因此，克泥效工法中终浆量越大，对地层的沉降控制越好。从直观分析来看，当 A 液水粉比 α 增大时，终浆量会先增大后减小再增大；当地层渗透系数 K 增大时，终浆量呈增大趋势；当注浆压力 P 增大时，终浆量先增大后减小。三种因素对于克泥效工法的终浆量均有不同程度的影响，终浆量的最优参数组合为 $B_4C_3A_2$。

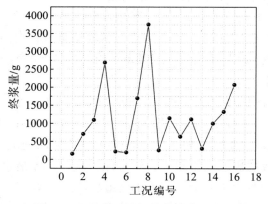

图 7-28   不同工况下终浆量变化曲线

　　不同工况下扩散距离变化曲线见图 7-29。工况 16（A 液水粉比 3.4、K4 地层渗透系数 0.138、注浆压力 150kPa）的扩散距离最大，达到 16.35cm；工况 1（A 液水粉比 2.7、K1 地层渗透系数 0.046、注浆压力 150kPa）的扩散距离最小，为 4.25cm。通过极差值可知，地层渗透系数的影响因素最大，A 液水粉比次之，注浆压力最小。故对于浆液扩散距离的各影响因素的主次关系为：因素 B（地层渗透系数 K）→因素 A（A 液水粉比 α）→因素 C（注浆压力 P）。克泥效工法施工过程中，克泥效浆液向土体内部发生渗透扩散作用，对土体颗粒间产生黏聚作用，起到加固土体的效果。克泥效浆液的扩散距离越大，表明受浆液扩散影响的"扩散区"土体范围越大，即洞周围岩加固区越大，对地层的沉降控制效果越好。从直观分析来看，当 A 液水粉比 α 增大时，浆液扩散距离会先减小后增大；当地层渗透系数 K 增大时，浆液扩散距离呈增大趋势；当注浆压力 P 增大时，浆液扩散距离先减小后增大。三种因素对于克泥效工法的浆液扩散距离均有不同程度的影响，浆液扩散距离的最优参数组合为 $B_4 A_4 C_4$。

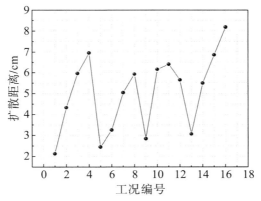

图 7-29　不同工况下扩散距离变化曲线

第8章 盾构下穿既有隧道克泥效工法效果分析

克泥效工法作为近年来的新兴技术，常被运用于城市敏感环境盾构近距离下穿既有建（构）筑物的工程中。大量工程实践证明，克泥效工法在控制沉降方面具有良好的效果。本章依托南昌轨道交通4号线丁公路南站～丁公路北站盾构区间隧道下穿既有2号线区间隧道工程，分析了克泥效工法在近距离下穿工程中各施工参数对既有隧道影响和沉降控制效果。

8.1 克泥效工法数值模型

8.1.1 计算模型的建立

克泥效工法辅助作业的盾构隧道掘进模型中（见图8-1），地层整体尺寸 $X \times Y \times Z$ =43.6m×50m×75m，管片近似为50环×1.5m，衬砌环外径6m，厚度0.3m。既有2号线覆土厚度10.6m，与4号线间距15m。4号线刀盘开挖半径6.28m，盾壳外径6.23m，盾壳厚度0.05m，注浆圈等代层厚度0.2m，环向间隙取0.05m。在模型4个侧面和底面设置法向位移约束；克泥效—盾壳之间设置法向接触相互作用；克泥效—土体之间、管片—注浆等代层—地层之间设置绑定约束。在盾壳克泥效一侧和环向间隙土体一侧施加环向注浆压力，在掌子面前方施加沿竖直方向线性分布的开挖面压力。

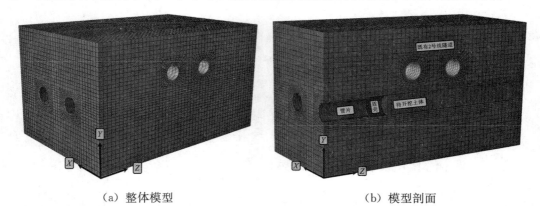

（a）整体模型　　　　　　　　（b）模型剖面

图8-1　克泥效工法数值计算模型

8.1.2 工况设置

克泥效浆液的 A 液水粉比能够直接影响其流变性能，在注浆工作中，浆液的流变性能影响其在土体中的扩散距离和地层加固效果。克泥效工法辅助作业的盾构隧道掘进模型中，设置注浆压力、A 液水粉比、扩散区半径三个影响因素，其中注浆压力设置150kPa、200kPa、300kPa 三个水平，A 液水粉比设置 2.7、3.0、3.2 三个水平，展开全面试验设计法设置工况研究。针对扩散半径，取理论计算和室内试验结果平均值予以设置。具体工况设置见表 8-1。

表 8-1 克泥效工法数值计算工况

工况编号	注浆压力 /MPa	A 液水粉比	扩散半径 /cm
5-1	0.15	2.7	5.3
5-2	0.20	2.7	5.9
5-3	0.30	2.7	6.9
5-4	0.15	3.0	4.9
5-5	0.20	3.0	5.4
5-6	0.30	3.0	6.3
5-7	0.15	3.2	6.0
5-8	0.20	3.2	6.9
5-9	0.30	3.2	8.4
5-10	不使用克泥效工法		

8.1.3 计算参数选取

克泥效浆液在注浆压力的作用下会向土体颗粒间的孔隙内渗透扩散，克泥效的注入会对扩散区土体产生黏聚作用，从而对扩散区的土体产生加固效应。扩散区土体的加固效果采用弹性模量加强系数表征，克泥效弹性模量及泊松比根据室内试验结果确定。有关克泥效的浆液参数见表 8-2。

表 8-2 克泥效浆液参数

A 液水粉比	弹性模量 /MPa	泊松比	扩散区土体加强系数
2.7	10	0.25	200%
3.0	8	0.25	150%
3.2	5	0.25	125%

近距离下穿段主要穿越圆砾地层，上方覆土情况较为复杂，以杂填土、粗砂为主。数值计算中将地层简化为均一圆砾地层。地层各参数见表 8-3。

表 8-3 地层参数表

重度 /(kN·m⁻³)	黏聚力 /kPa	内摩擦角 /°	弹性模量 /MPa	泊松比	孔隙比	渗透系数 /(cm·s⁻¹)
20.5	1	38	60	0.27	—	0.138

盾构机、管片及注浆层物理力学参数见表 8-4。

表 8-4 盾构机、管片及注浆层物理力学参数

名称	重度 /(kN·m⁻³)	弹性模量 /MPa	泊松比
盾构机	78.5	225000	0.3
管片	25	34500	0.2
硬化后同步注浆材料	22	400	0.2

8.2 地表沉降变形分析

8.2.1 克泥效工法辅助效果

为研究克泥效工法辅助作业在地表竖向位移方面控制效果，提取如下几个工况的地表竖向位移曲线：采用克泥效辅助工法地表竖向位移最大（工况 5-7），采用克泥效辅助工法地表竖向位移最小（工况 5-3），不采用克泥效辅助功法（工况 5-10）。选取左线贯通、双线贯通两个时间节点下的地表竖向位移曲线，见图 8-2。从开挖历程和克泥效工法辅助效果的角度分析可知：

（1）新建左线贯通时，受空间因素影响，左线隧道的开挖首先对左侧地层土体产生扰动影响，此影响效果在传递至右侧土体时逐渐减弱。这导致特征断面地表竖向位移相对于双线中心线整体向左侧偏移，左线中心线正上方地表沉降达到最大值。

（2）双线贯通时，受空间因素影响，右线隧道的开挖首先对右侧地层土体产生扰动影响。同时此影响效果在传递至左侧土体时逐渐减弱，由于左线隧道结构已施作完成，该阶段影响效果减弱程度大于上一阶段的影响效果减弱程度。特征断面地表竖向位移相对于双线中心线整体对称分布，在双线中心线偏左侧的正上方地表沉降达到最大值。

（3）工况 5-1 至工况 5-9 中，左线贯通时和双线贯通时造成的特征断面地表竖向位移最大值比值的范围落在 47.45%（工况 5-9）～56.70%（工况 5-1）之间。而不采用克泥效工法施工时（即工况 5-10），此比值为 42.25%。由此可知，克泥效工法的使用可有效减少新建隧道近接施工对地层位移的影响。

（4）克泥效工法的使用能够有效抑制地表竖向位移。在不采用克泥效的工况中，特征断面左线贯通时最大位移值为 -5.66mm，双线贯通时最大位移值为 -13.39mm；采用克泥效的工况中，特征断面在左线贯通时最大位移值控制在 -0.83mm（工况 5-1）～

−2.79mm（工况 5−7），减幅范围为 50.71％ ～ 85.33％，双线贯通时控制在−1.63（工况 5−1） ～ −5.77mm（工况 5−7），减幅范围为 56.91％ ～ 87.83％。

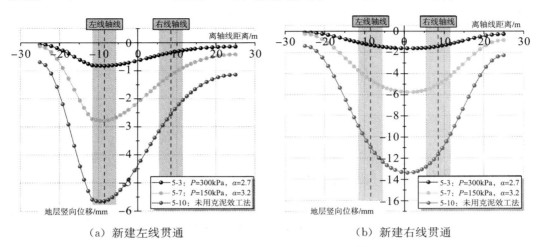

（a）新建左线贯通　　　　　　　　（b）新建右线贯通

图 8−2　克泥效工法典型断面沉降槽

8.2.2　注浆压力影响

分别提取泥水比相同工况中左线贯通、双线贯通两个时间点特征断面的地表竖向位移曲线见图 8−3～图 8−5。

（1）当 A 液水粉比固定为 2.7 时，工况 5−1 至工况 5−3 在左线贯通时特征断面地表竖向位移最大值依次为：−1.86mm，−1.32mm，−0.83mm；双线贯通时特征断面地表竖向位移最大值依次为：−3.28mm，−2.73mm，−1.64mm。两阶段造成的特征断面地表竖向位移最大值比值依次为：56.70％，48.44％，50.67％。特征断面地表竖向位移随着注浆压力的增大而减小。当注浆压力从 150kPa 增至 300kPa 时，特征断面地表竖向位移最大值相较于工况 5−10（未使用克泥效工法）减幅从 72.08％ 增至 87.59％。

（2）当 A 液水粉比固定为 3.0 时，工况 5−4 至工况 5−6 在左线贯通时特征断面地表竖向位移最大值依次为：−2.08mm，−1.79mm，−1.05mm；双线贯通时特征断面地表竖向位移最大值依次为：−4.14mm，−3.49mm，−2.18mm。两阶段造成的特征断面地表竖向位移最大值比值依次为：50.13％，51.23％，48.05％。特征断面地表竖向位移随着注浆压力的增大而减小。当注浆压力从 150kPa 增至 300kPa 时，特征断面地表竖向位移最大值相较于工况 5−10（未使用克泥效工法）减幅从 68.87％ 增至 84.33％；

（3）当 A 液水粉比固定为 3.2 时，工况 5−7 至工况 5−9 在左线贯通时特征断面地表竖向位移最大值依次为：−2.79mm，−2.52mm，−1.39mm；双线贯通时特征断面地表竖向位移最大值依次为：−5.77mm，−4.83mm，−2.94mm。两阶段造成的特征断面地表竖向位移最大值比值依次为：48.34％，52.32％，47.45％。特征断面地表竖向位移随着注浆压力的增大而减小。当注浆压力从 150kPa 增至 300kPa 时，特征断面地表竖向位移最大值相较于工况 5−10（未使用克泥效工法）减幅从 58.18% 增至 79.08%。

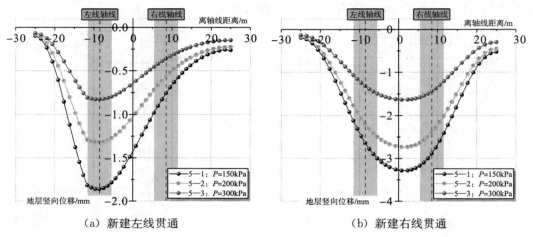

（a）新建左线贯通　　　　　　　（b）新建右线贯通

图 8−3　A 液水粉比 2.7 典型断面沉降槽

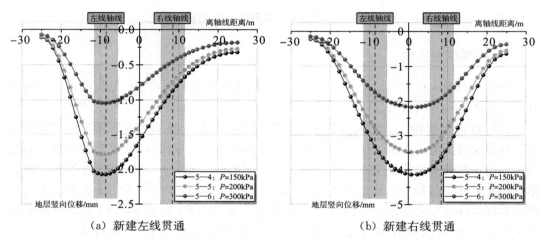

（a）新建左线贯通　　　　　　　（b）新建右线贯通

图 8−4　A 液水粉比 3.0 典型断面沉降槽

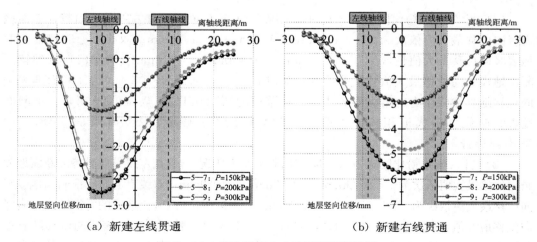

（a）新建左线贯通　　　　　　　（b）新建右线贯通

图 8−5　A 液水粉比 3.2 典型断面沉降槽

8.2.3 液水粉比影响

分别提取注浆压力相同工况中左线贯通、双线贯通两个时间点特征断面的地表竖向位移曲线见图 8—6～图 8—8。

（1）当注浆压力固定为 150kPa 时，工况 5—1、工况 5—4、工况 5—7 在左线贯通时特征断面地表竖向位移最大值依次为：−1.86mm，−2.08mm，−2.79mm；双线贯通时特征断面地表竖向位移最大值依次为：−3.28mm，−4.14mm，−5.77mm。两阶段造成的特征断面地表竖向位移最大值比值依次为：56.70％，50.13％，48.34％。特征断面地表竖向位移随着 A 液水粉比的增大而增大。当 A 液水粉比从 2.7 增至 3.2 时，特征断面地表竖向位移最大值相较于工况 5—10（未使用克泥效工法）减幅从 72.08％减至 58.18％。

（2）当注浆压力固定为 200kPa 时，工况 5—2、工况 5—5、工况 5—8 在左线贯通时特征断面地表竖向位移最大值依次为：−1.32mm，−1.79mm，−2.52mm；双线贯通时特征断面地表竖向位移最大值依次为：−2.73mm，−3.49mm，−4.83mm。两阶段造成的特征断面地表竖向位移最大值比值依次为：48.44％，51.23％，52.32％。特征断面地表竖向位移随着 A 液水粉比的增大而增大。当 A 液水粉比从 2.7 增至 3.2 时，特征断面地表竖向位移最大值相较于工况 5—10（未使用克泥效工法）减幅从 80.15％减至 62.14％。

（3）当注浆压力固定为 300kPa 时，工况 5—3、工况 5—6、工况 5—9 在左线贯通时特征断面地表竖向位移最大值依次为：−0.83mm，−1.05mm，−1.39mm；双线贯通时特征断面地表竖向位移最大值依次为：−1.64mm，−2.18mm，−2.94mm。两阶段造成的特征断面地表竖向位移最大值比值依次为：50.67％，48.05％，47.45％。特征断面地表竖向位移随着 A 液水粉比的增大而增大。当 A 液水粉比从 2.7 增至 3.2 时，特征断面地表竖向位移最大值相较于工况 5—10（未使用克泥效工法）减幅从 87.59％减至 79.08％。

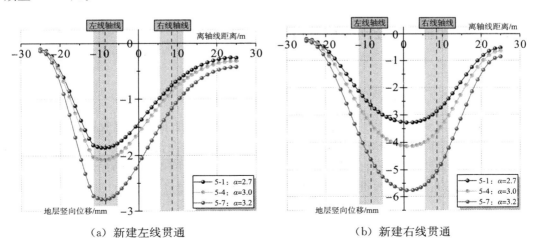

（a）新建左线贯通　　　　　　　（b）新建右线贯通

图 8—6　注浆压力 150kPa 典型断面沉降槽

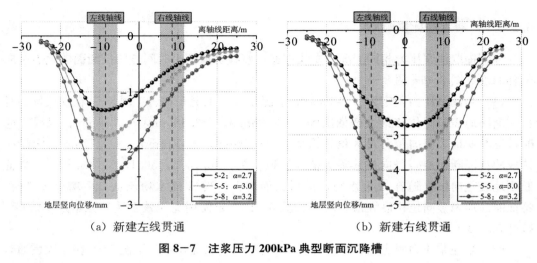

（a）新建左线贯通　　　　　　　　（b）新建右线贯通

图 8−7　注浆压力 200kPa 典型断面沉降槽

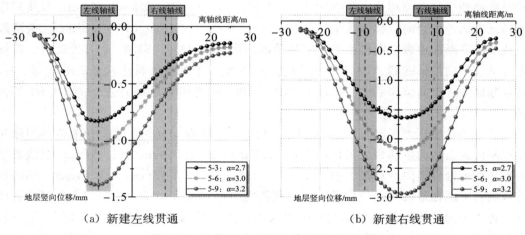

（a）新建左线贯通　　　　　　　　（b）新建右线贯通

图 8−8　注浆压力 300kPa 典型断面沉降槽

8.3　既有隧道底部竖向位移分析

8.3.1　克泥效工法辅助效果

为研究克泥效工法辅助作业在既有隧道底部竖向位移方面的控制效果，提取如下几个工况的地表竖向位移曲线：采用克泥效辅助工法地表竖向位移最大（工况 5−7），采用克泥效辅助工法地表竖向位移最小（工况 5−3），不采用克泥效辅助功法（工况 5−10）。选取左线贯通、双线贯通两个时间节点下的地表竖向位移曲线，见图 8−9。

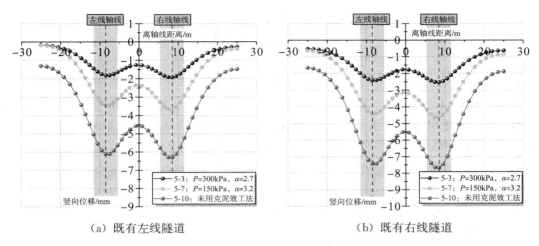

（a）既有左线隧道　　　　　　　（b）既有右线隧道

图 8-9　克泥效工法既有隧道底部竖向位移

　　新建双线开挖先经过既有左线隧道后再经过既有右线隧道，将首先穿越的既有左线隧道称为"先穿线"、既有右线隧道称为"后穿线"。从开挖历程和克泥效工法辅助效果的角度分析可知：

　　（1）由于新建隧道下穿既有隧道先后顺序导致的时间效应，新建隧道对于后穿线的竖向位移影响大于先穿线。先穿线、后穿线结构底部竖向位移均呈现出"W"形，竖向位移最大值出现于新建左线隧道中心线正上方处的后穿线结构底部。

　　（2）克泥效工法的使用能够有效抑制盾构隧道近距离下穿工程中既有管线的竖向位移。在不采用克泥效的工况中，后穿线隧道底部竖向位移最大值为 7.66mm；采用克泥效的工况中，后穿线结构底部竖向位移最大值控制在 2.53mm（工况 5-1）～ 4.66mm（工况 5-7），减幅范围为 39.16％ ～ 66.97％。

8.3.2　注浆压力影响

　　分别提取泥水比相同工况中双线贯通时，先穿线和后穿线隧道底部竖向位移曲线见图 8-10～图 8-12。

　　（1）当 A 液水粉比固定为 2.7 时，既有管线底部竖向位移随着注浆压力的增大而减小。工况 5-1 至工况 5-3 在双线贯通时，先穿线隧道底部竖向位移最大值依次为：-2.67mm，-2.41mm，-2.03mm；后穿线隧道底部竖向位移最大值依次为：-3.29mm，-3.04mm，-2.53mm。当注浆压力从 150kPa 增至 300kPa 时，相较于工况 5-10（未使用克泥效工法）先穿线隧道底部竖向位移最大值减幅从 65.14％增至 73.50％；后穿线隧道底部竖向位移最大值减幅从 57.05％增至 66.97％。

　　（2）当 A 液水粉比固定为 3.0 时，既有管线底部竖向位移随着注浆压力的增大而减小。工况 5-4 至工况 5-6 在双线贯通时，先穿线隧道底部竖向位移最大值依次为：-3.06mm，-2.73mm，-2.29mm；后穿线隧道底部竖向位移最大值依次为：-3.78mm，-3.48mm，-2.88mm。当注浆压力从 150kPa 增至 300kPa 时，相较于工况 5-10（未使用克泥效工法）先穿线隧道底部竖向位移最大值减幅从 60.05％增至

70.10%；后穿线隧道底部竖向位移最大值减幅从 50.65%增至 62.40%。

（4）当 A 液水粉比固定为 3.2 时，既有管线底部竖向位移随着注浆压力的增大而减小。工况 5-7 至工况 5-9 在双线贯通时，先穿线隧道底部竖向位移最大值依次为：−3.79mm，−3.32mm，−2.57mm；后穿线隧道底部竖向位移最大值依次为：−4.66mm，−4.23mm，−3.37mm。当注浆压力从 150kPa 增至 300kPa 时，相较于工况 5-10（未使用克泥效工法）先穿线隧道底部竖向位移最大值减幅从 50.52%增至 66.45%；后穿线隧道底部竖向位移最大值减幅从 39.16%增至 56.01%。

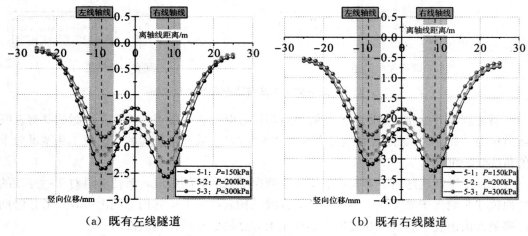

（a）既有左线隧道　　　　　　　　　（b）既有右线隧道

图 8-10　A 液水粉比 2.7 既有隧道底部竖向位移

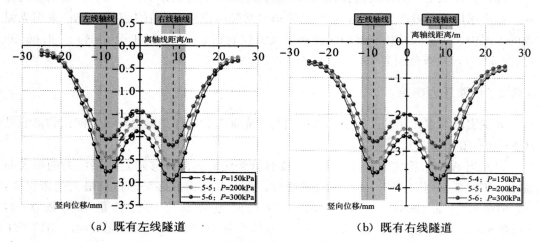

（a）既有左线隧道　　　　　　　　　（b）既有右线隧道

图 8-11　A 液水粉比 3.0 既有隧道底部竖向位移

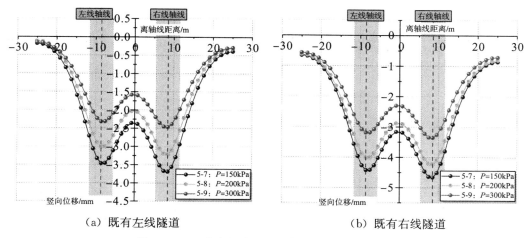

（a）既有左线隧道　　　　　　　　　（b）既有右线隧道

图 8-12　A 液水粉比 3.2 既有隧道底部竖向位移

8.3.3　液水粉比影响

分别提取注浆压力相同工况中双线贯通时，先穿线和后穿线隧道底部竖向位移曲线见图 8-13～图 8-15。

（1）当注浆压力固定为 150kPa 时，既有管线底部竖向位移随着 A 液水粉比增大而增大。工况 5-1、工况 5-4、工况 5-7 在双线贯通时，先穿线隧道底部竖向位移最大值依次为：-2.67mm，-3.06mm，-3.79mm；后穿线隧道底部竖向位移最大值依次为：-3.29mm，-3.78mm，-4.66mm。当 A 液水粉比从 2.7 增至 3.2 时，相较于工况 5-10（未使用克泥效工法）先穿线隧道底部竖向位移最大值减幅从 65.14% 减至 50.52%；后穿线隧道底部竖向位移最大值减幅从 57.05% 减至 39.16%。

（2）当注浆压力固定为 200kPa 时，既有管线底部竖向位移随着注浆压力的增大而减小。工况 5-2、工况 5-5、工况 5-8 在双线贯通时，先穿线隧道底部竖向位移最大值依次为：-2.41mm，-2.73mm，-3.32mm；后穿线隧道底部竖向位移最大值依次为：-3.04mm，-3.48mm，-4.23mm。当 A 液水粉比从 2.7 增至 3.2 时，相较于工况 5-10（未使用克泥效工法）先穿线隧道底部竖向位移最大值减幅从 68.54% 减至 56.66%；后穿线隧道底部竖向位移最大值减幅从 60.31% 减至 44.78%。

（3）当注浆压力固定为 300kPa 时，既有管线底部竖向位移随着注浆压力的增大而减小。工况 5-3、工况 5-6、工况 5-9 在双线贯通时，先穿线隧道底部竖向位移最大值依次为：-2.03mm，-2.29mm，-2.57mm；后穿线隧道底部竖向位移最大值依次为：-2.53mm，-2.88mm，-3.37mm。当 A 液水粉比从 2.7 增至 3.2 时，相较于工况 5-10（未使用克泥效工法）先穿线隧道底部竖向位移最大值减幅从 73.50% 减至 66.45%；后穿线隧道底部竖向位移最大值减幅从 66.97% 减至 56.01%。

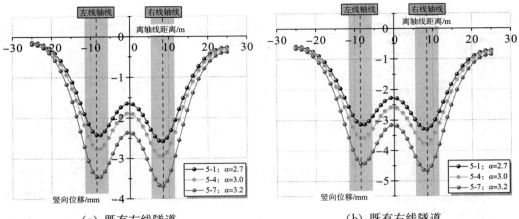

（a）既有左线隧道 （b）既有右线隧道

图 8—13 注浆压力 150kPa 既有隧道底部竖向位移

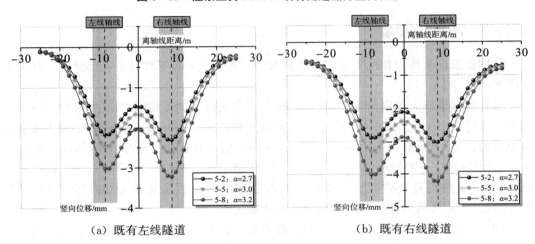

（a）既有左线隧道 （b）既有右线隧道

图 8—14 注浆压力 200kPa 既有隧道底部竖向位移

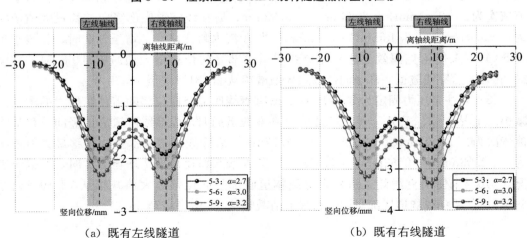

（a）既有左线隧道 （b）既有右线隧道

图 8—15 注浆压力 300kPa 既有隧道底部竖向位移

第9章　富水地层盾构隧道下穿既有隧道风险评估

随着轨道交通线网不断扩大、加密，新建地铁线路与既有线路交叉的情况层出不穷。新建隧道的施工必然会对既有运营地铁隧道带来极大的风险，甚至会造成严重的工程事故。为保证既有运营地铁隧道的安全，有必要在新建隧道施工前对既有隧道进行风险评估。本章从影响既有隧道结构安全的因素入手，选取风险评价指标，建立既有区间隧道结构风险评估体系。运用基于层次分析法的模糊综合评价模型（层次－模糊综合评价模型）对该评估体系进行定量分析，得出较为直观的风险评估结果。

9.1　既有区间隧道结构风险评估体系

9.1.1　既有区间隧道结构风险影响因素

新建地铁隧道下穿既有运营区间隧道过程中，隧道施工对既有结构的影响以土层及地下水为媒介，引起相邻土层发生变形并通过地层之间的相互作用逐层传递，并作用于既有结构之上。因此，新建隧道下穿既有隧道工程中影响既有轨道交通区间结构风险的主要因素可分为新建隧道状况、水文地质条件、既有隧道结构状况三类。

1）新建隧道状况

Peck 于 1969 年通过总结大量地表沉降数据得到地层沉降理论。该理论指出，在不排水的情况下，地表沉降槽的体积与隧道开挖地层损失土体的体积相等。进一步的，其又提出地表沉降槽曲线符合高斯分布的概念，并给出了该曲线上各点的计算公式如下：

$$S_x = \frac{V_l}{\sqrt{2\pi}i} \exp\left(-\frac{x^2}{2i^2}\right) \tag{9.1}$$

$$i = \frac{H}{\sqrt{2\pi}\tan\left(\dfrac{\pi-\varphi}{2}\right)} \tag{9.2}$$

$$\beta = \frac{0.5W - R}{H} \tag{9.3}$$

式中，S_x 为隧道横断面上方距离隧道轴线 x 处地面的沉降值；V_l 为隧道开挖所产生的土层损失量；j 为土层内摩擦角；i 为沉降槽宽度系数；W 为沉降横断面影响范围；H 为上覆土层厚度；R 为隧道开挖半径。

当新建隧道穿越土层过程中，影响其上部结构发生变形的主要因素为隧道半径 R 及隧道距结构的净距 H，见图 9-1。因此，在新建隧道下穿既有隧道过程中，影响开挖扰动传递至既有隧道结构的因素主要为隧道的尺寸及近接距离。该影响与隧道尺寸成正比，与近接距离成反比。引入跨距比 B（近接距离与隧道的尺寸的比值）描述该影响程度的大小。对于采用不同工法的隧道，其隧道尺寸按以下要求取值：①明挖及盖挖法隧道：开挖基坑深度；②矿山法隧道：毛洞跨度；③盾构法开挖隧道：管片外径。

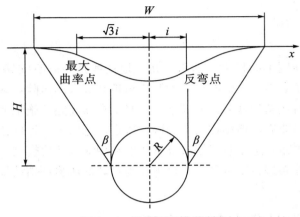

图 9-1　地层沉降槽示意图

2）水文地质情况

既有隧道结构以及新建隧道结构均埋于土层中，土层既是隧道结构荷载的来源，又可与隧道结构共同承担荷载。在新建隧道开挖之前，既有隧道结构与地层土体、地下水形成整体，处于平衡状态。新建隧道开挖后，由于地层土体的缺失，该平衡状态遭到破坏，地层应力重新平衡。由于土层性质差异，在不同土层与地下水环境下，该平衡过程有着极大的差异，这种差异由水文地质情况所决定。

3）既有隧道结构状况

既有隧道结构在此过程主要处于被动抵抗周围土层变形的状态，因此为判断既有隧道结构安全性，须评估该结构抵抗变形的能力。既有隧道结构一般为钢筋混凝土结构，结构浇筑完毕后由混凝土与钢筋协同作用承担外界荷载；随地铁运营时间增长，隧道结构会发生各种病害及损伤（如结构渗漏水、结构开裂和结构材料劣化），极大地影响隧道结构抵抗变形的能力。

9.1.2　风险评价指标的选择

组成评价体系的评价指标是对既有隧道结构风险定量评估的基础，评价指标选取的合理程度决定了评估结果的可靠度。结合对既有区间隧道结构安全影响因素的分析，秉承科学、完备、多层次的选取原则，对既有隧道结构风险评估体系的指标进行选取，所得评估体系见图 9-2。

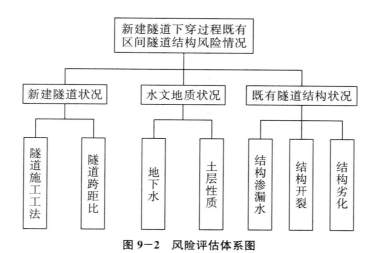

图 9-2 风险评估体系图

该评估体系分为三层：目标层→准则层→方案层。目标层的评估对象为"既有区间隧道结构风险情况"；准则层由新建隧道状况、既有隧道结构状况和水文地质状况 3 个方面组成；方案层由准则层中各影响因素所包含的评价指标组成。

9.1.3 等级划分

1) 既有区间隧道结构风险等级划分

为定义新建隧道下穿过程中既有区间隧道结构的风险程度，对既有区间隧道结构风险等级进行划分，见表 9-1。

表 9-1 既有区间隧道结构风险等级划分表

风险等级	安全状况	既有区间隧道结构状态
Ⅰ	不安全	区间隧道结构变形超过变形控制标准，区间隧道结构变形严重，地铁无法正常运营
Ⅱ	较不安全	区间隧道结构变形较大，超过变形预警值，应对隧道结构进行全方位监控，同时地铁需减速或限速运营
Ⅲ	较安全	区间隧道结构变形正常，但存在一定因素对结构变形有较大影响，需对结构变形进行监测，但地铁可正常运营
Ⅳ	安全	区间隧道结构变形正常，地铁可正常运营

2) 评价指标影响程度等级划分

为对应目标层风险等级划分结果，将方案层评价指标影响程度划分为 4 个等级（Ⅰ、Ⅱ、Ⅲ和Ⅳ），数字越大影响程度越小。参考《城市轨道交通结构安全保护技术规范》《地下防水工程质量验收规范》《地铁设计规范》等技术规范可知，"跨距比""结构渗漏水""结构开裂""结构劣化"对既有隧道结构安全的影响可进行定量划分。"隧道施工工法""土层地质""地下水"对目标层的影响程度只能进行定性评判。

隧道跨距比用 B 表示。根据我国《城市轨道交通结构安全保护技术规范》所给出的基于近接程度的评判标准，将该评价标准分为 4 个等级，对应既有隧道结构的 4 种安全状态。由于各工法开挖尺寸结构存在差异，因此对不同工法施工分级标准进行区分，见表9-2。

表9-2　跨距比等级划分表

施工工法	影响等级	跨距比	既有隧道结构安全状态
明挖、盖挖法	Ⅰ	$B \leqslant 0.5$	不安全
	Ⅱ	$0.5 < B \leqslant 1.0$	较不安全
	Ⅲ	$1.0 < B \leqslant 2.0$	较安全
	Ⅳ	$2.0 < B$	安全
矿山法	Ⅰ	$B \leqslant 0.5$	不安全
	Ⅱ	$0.5 < B \leqslant 1.5$	较不安全
	Ⅲ	$1.5 < B \leqslant 2.5$	较安全
	Ⅳ	$2.5 < B$	安全
盾构法	Ⅰ	$B \leqslant 0.3$	不安全
	Ⅱ	$0.3 < B \leqslant 0.7$	较不安全
	Ⅲ	$0.7 < B \leqslant 1.0$	较安全
	Ⅳ	$1.0 < B$	安全

隧道渗漏水对隧道结构的影响程度用渗漏速度 v 表示。参考我国《地下防水工程质量验收规范》，划分渗漏水对既有结构安全影响程度的评判标准见表9-3。

表9-3　渗漏水等级划分表

影响等级	渗透速度 v /（滴/分钟）	既有隧道结构安全状态
Ⅰ	$v > 300$	不安全
Ⅱ	$60 < v \leqslant 300$	较不安全
Ⅲ	$5 < v \leqslant 60$	较安全
Ⅳ	$v \leqslant 5$	安全

隧道开裂对既有隧道结构安全性的影响程度用裂缝最大宽度 w_{max} 评判。根据《地铁设计规范》及《混凝土设计规范》，划分结构开裂对既有结构安全影响程度的评判标准见表9-4。

表9-4　结构开裂等级划分表

影响等级	裂缝最大宽度 w_{max}/mm	既有隧道结构安全状态
Ⅰ	$w_{max} > 0.4$	不安全
Ⅱ	$0.2 < w_{max} \leqslant 0.4$	较不安全

影响等级	裂缝最大宽度 w_{max}/mm	既有隧道结构安全状态
Ⅲ	$0.1 < w_{max} \leqslant 0.2$	较安全
Ⅳ	$w_{max} \leqslant 0.1$	安全

混凝土长期暴露在环境中，材料逐渐发生劣化，导致强度降低。因此，隧道结构材料劣化对既有隧道结构安全性的影响程度可用混凝土实际强度与设计强度的比值 K 进行评判。结构劣化对既有结构安全影响程度的评判标准见表 9－5。

表 9－5　结构劣化等级划分表

影响等级	强度比值 K	既有隧道结构安全状态
Ⅰ	$K \leqslant 2/3$	不安全
Ⅱ	$2/3 < K \leqslant 4/5$	较不安全
Ⅲ	$4/5 < K \leqslant 7/8$	较安全
Ⅳ	$K > 7/8$	安全

9.2　层次—模糊综合评价模型

9.2.1　层次—模糊综合评价原理

对于"既有区间隧道结构风险评估体系"，层次－模糊综合评价主要包括以下过程。

1）确定模糊综合评价的层级

所建立的"既有区间隧道结构风险评估体系"为三层，则层次－模糊综合评价分为两个层级。第一层级为方案层至准则层，第二层级为准则层至目标层，评价由第一层级开始。

2）建立评价指标集

第一层级模糊综合评价的评价指标集为 $\boldsymbol{C}^1 = \{c_1^1, c_2^1, c_3^1, \cdots, c_n^1\}$ ＝ {隧道施工工法，隧道跨距比，地下水情况，土层性质，结构渗漏水，结构开裂，结构劣化}；第二层级模糊综合评价的评价指标集为 $\boldsymbol{C}^2 = \{c_1^2, c_2^2, c_3^2, \cdots, c_m^2\}$ ＝ {新建隧道状况，水文地质状况，既有隧道结构状况}。

3）确定第一层级各评价指标的隶属度向量 $\boldsymbol{R}_n^1$

第一层级模糊综合评价中各指标的隶属度向量 $\boldsymbol{R}_n^1 = \{r_{n1}^1, r_{n2}^1, r_{n3}^1, \cdots, r_{nj}^1\}$。

4）确定各层级中评价指标之间的模糊权向量 $\boldsymbol{w}$

第一层级模糊综合评价中各指标间的模糊权向量为 $\boldsymbol{w}_m^1 = \{w_1^1, w_2^1, w_3^1, \cdots, w_n^1\}$；第二层级模糊综合评价中各指标间的模糊权向量为 $\boldsymbol{w}_m^2 = \{w_1^2, w_2^2, w_3^2, \cdots, w_m^2\}$。

5）确定第一层级的模糊关系矩阵 $\boldsymbol{R}^1$

综合第一层级各评价指标的隶属度向量，确定第一层级模糊综合评价的模糊关系矩阵 $\boldsymbol{R}^1$。

$$\boldsymbol{R}^1 = \begin{bmatrix} \boldsymbol{R}_1^1 \\ \boldsymbol{R}_2^1 \\ \boldsymbol{R}_3^1 \\ \vdots \\ \boldsymbol{R}_n^1 \end{bmatrix} = \begin{bmatrix} r_{11}^1 & r_{12}^1 & r_{13}^1 & \cdots & r_{1j}^1 \\ r_{21}^1 & r_{22}^1 & r_{23}^1 & \cdots & r_{2j}^1 \\ r_{31}^1 & r_{32}^1 & r_{33}^1 & \cdots & r_{3j}^1 \\ \vdots & \vdots & \vdots & \vdots & \vdots \\ r_{n1}^1 & r_{n2}^1 & r_{n3}^1 & \cdots & r_{nj}^1 \end{bmatrix}$$

6）确定第二层级各评价指标的隶属度向量 $\boldsymbol{R}_m^2$

根据第一层级模糊综合评价中的指标模糊权向量 $\boldsymbol{w}_m^1$ 及模糊关系矩阵 $\boldsymbol{R}^1$，可求得第二层级各评价指标的隶属度向量 $\boldsymbol{R}_m^2$，即完成第一层级模糊综合评价工作。计算公式见式：

$$\boldsymbol{R}_m^2 = \boldsymbol{w}_m^1 \times \boldsymbol{R}^1 = \{r_{m1}^1, r_{m2}^1, r_{m3}^1, \cdots, r_{mj}^1\} \tag{9.4}$$

7）确定目标层最终综合评价向量 $\boldsymbol{Z}$

同步骤（5）（6），根据第二层级各指标的隶属度向量，合成模糊关系矩阵 $\boldsymbol{R}^2$，结合第二层级中的指标模糊权向量 $\boldsymbol{w}_m^2$ 及模糊关系矩阵 $\boldsymbol{R}^2$，即可完成第二层级模糊综合评价工作，求得目标评价对象的综合评价向量 $\boldsymbol{Z}$。计算公式如下：

$$\boldsymbol{Z} = \boldsymbol{w}_m^2 \times \boldsymbol{R}^2 = \{z_1, z_2, z_3, \cdots, z_j\} \tag{9.5}$$

8）确定评价结果

对综合评价向量 $\boldsymbol{Z}$ 进行处理，得到最终评价结果。

在层次−模糊综合评价过程中，最为重要的是，各指标隶属度向量和指标间权向量的确定以及综合评价向量的处理。

9.2.2 隶属度向量的确定

隶属度向量的确定是一个将模糊关系定量化的重要过程，在模糊综合评价过程中极为重要。根据指标的不同，其隶属度向量的确定方法大致可分为两种：①指标无法进行定量评判，如评价体系中的"隧道施工工法""土层地质""地下水"，采用专家评价法进行隶属度向量确定；②指标可以进行定量评判，如评价体系中的"跨距比""结构渗漏水""结构开裂""结构劣化"，采用隶属函数进行隶属度向量确定。

1）专家评价法

专家评价法是一种应用较广的数理统计方法，其最大的优点在于能够在缺乏统计数据和原始资料的情况下，通过人为打分的形式得到较为准确的定量估计值。其主要过程为：①根据评价对象具体情况，对各指标定出评价等级，并制订专家调查表；②由专家根据实际情况对指标等级进行评判；③对调查表结果进行统计，将数据进行归一化处理，即得到各指标的隶属度向量。

2）隶属函数

适用于模糊综合评价的隶属函数主要有正态分布函数、三角与半三角分布函数、梯形与半梯形分布函数、Cauchy 分布函数、单值型分布函数等。不同隶属函数所得的隶属度向量虽略有不同，但最终所得到的模糊综合评价结果一致。选取正态分布的隶属函数 $u_n(x)$，见图 9-3。

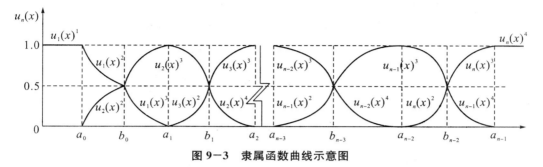

图 9-3　隶属函数曲线示意图

图中，$u_n(x) = e^{-[(x-x_0)/c]^2}$，根据 $u(b_{n-1}) = 0.5$，$u(a_n) = 1$，可确定 $u_n(x)$ 函数中的系数 c 和 x_0。由于所有指标的评价等级均为 4 级，故取 $n=4$，则可得以下隶属函数，见式（9.6）～式（9.9）。

$$u_1(x) = \begin{cases} 1, & x \leqslant a_0 \\ e^{-\left[\frac{\sqrt{\ln2}(x-a_0)}{b_0-a_0}\right]^2}, & a_0 < x \leqslant b_0 \\ 1-e^{-\left[\frac{\sqrt{\ln2}(x-a_1)}{a_1-b_0}\right]^2}, & b_0 < x \leqslant a_1 \\ 0, & x > a_1 \end{cases} \tag{9.6}$$

$$u_2(x) = \begin{cases} 0, & x > a_2, x \leqslant a_0 \\ 1-e^{-\left[\frac{\sqrt{\ln2}(x-a_0)}{b_0-a_0}\right]^2}, & a_0 < x \leqslant b_0 \\ e^{-\left[\frac{\sqrt{\ln2}(x-a_1)}{a_1-b_0}\right]^2}, & b_0 < x \leqslant b_1 \\ 1-e^{-\left[\frac{\sqrt{\ln2}(x-a_2)}{a_2-b_1}\right]^2}, & b_1 < x < a_2 \end{cases} \tag{9.7}$$

$$u_3(x) = \begin{cases} 0, & x > a_3, x \leqslant a_1 \\ 1-e^{-\left[\frac{\sqrt{\ln2}(x-a_1)}{a_1-b_0}\right]^2}, & a_1 < x \leqslant b_1 \\ e^{-\left[\frac{\sqrt{\ln2}(x-a_2)}{a_2-b_1}\right]^2}, & b_1 < x \leqslant b_2 \\ 1-e^{-\left[\frac{\sqrt{\ln2}(x-a_3)}{a_3-b_2}\right]^2}, & b_2 < x < a_3 \end{cases} \tag{9.8}$$

$$u_4(x) = \begin{cases} 0, & x \leqslant a_2 \\ 1-e^{-\left[\frac{\sqrt{\ln2}(x-a_2)}{a_2-b_1}\right]^2}, & a_2 < x \leqslant b_2 \\ e^{-\left[\frac{\sqrt{\ln2}(x-a_3)}{a_3-b_2}\right]^2}, & b_2 < x \leqslant a_3 \\ 1, & x > a_3 \end{cases} \tag{9.9}$$

式中，b_0，b_1，b_2 为指标评价等级各级限值；x 表示各指标实测值；$a_0 = b_0/2$，$a_1 = (b_0+b_1)/2$，$a_2 = (b_1+b_2)/2$，$a_3 = 3b_2/2$。具体的函数分布见图 9-4。

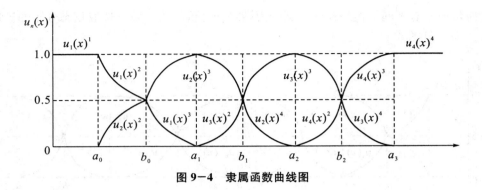

图9-4　隶属函数曲线图

9.2.3　权向量的确定

1）常规标度法

常规标度法将指标之间的比较分为"相同""稍微大""明显大""强烈大"和"极端大"5种情况，各情况对应不同的标度值赋值。常见的4种标度法见表9-6。

表9-6　常规的4种标度法

比较	1-9标度法	9/9-9/1标度法	10/10-18/2标度法	指数标度法
相同	1	9/9（1.000）	10/10（1.000）	9^0（1.000）
稍微大	3	9/7（1.286）	12/8（1.500）	$9^{1/9}$（1.277）
明显大	5	9/5（1.800）	14/6（2.333）	$9^{3/9}$（2.080）
强烈大	7	9/3（3.000）	16/4（4.000）	$9^{6/9}$（4.237）
极端大	9	9/1（9.000）	18/2（9.000）	$9^{9/9}$（9.000）

2）乘积标度法

相较于常规标度法，乘积标度法只设置了两个比较等级，"相同"和"稍微大"。若指标A与指标B的比较级为"相同"，其定义的权重比为：

$$W_A : W_B \approx 1 : (0.9 \sim 1.1)$$

若指标A与指标B的比较级为"稍微大"，其定义的权重比为：

$$W_A : W_B \approx (1.1 \sim 1.5) : 1$$

当指标A与指标B的比较用"稍微大"无法定义时，用指标A为指标B的 n 个"稍微大"进行定义，其定义的权重比为：

$$W_A : W_B \approx (1.1 \sim 1.5)^n : 1$$

采用乘积标度法，结合常规标度法对其权重比进行确定，得到以下标度方法。

（1）比较等级："相同"及"稍微大"。

（2）结合常规标度法中"相同"比较等级的权重比（1.0），确定指标A与指标B"相同"的权重比为：

$$W_A : W_B = 1 : 1$$

（3）在常规标度法中，9/9-9/1标度法、10/10-18/2标度法和指数标度法的权重比分别为 1.286、1.5 和 1.277，均满足乘积标度法所定义的范围。因此，取该三种标度法"稍微大"的标度值的平均值作为乘积标度法"稍微大"的标度值，则其权重比为：

$$W_A : W_B = \frac{1.286 + 1.5 + 1.277}{3} : 1 = 1.354 : 1$$

（4）当指标 A 是指标 B 的 n 个"稍微大"，其定义的权重比为：

$$W_A : W_B = 1.354^n : 1$$

（5）对最终所得的权向量 w_m 进行归一化处理，即：

$$\sum_{i=1}^{m} w_i = 1$$

（6）当指标数目 $m \geqslant 3$ 时，需对所得到的权向量 $\boldsymbol{w}_m$ 进行一致性检验。设权向量 $\boldsymbol{w}_m = \{w_1, w_2, w_3, \cdots, w_m\}$，则可构造判断矩阵 $\boldsymbol{P}$，对权向量 $\boldsymbol{w}_m$ 的一致性进行检验。

$$\boldsymbol{P} = \begin{bmatrix} \frac{w_1}{w_1} & \frac{w_2}{w_1} & \cdots & \frac{w_m}{w_1} \\ \frac{w_1}{w_2} & \frac{w_2}{w_2} & \cdots & \frac{w_m}{w_2} \\ \vdots & \vdots & \vdots & \vdots \\ \frac{w_1}{w_m} & \frac{w_2}{w_m} & \cdots & \frac{w_m}{w_m} \end{bmatrix}$$

引入判断矩阵的一致性指标 CI 表征其一致性程度的强弱，其计算公式见式（9.10）。CI 的值越小，表示判断矩阵的一致性越强。

$$CI = \frac{\lambda_{max} - m}{m - 1} \tag{9.10}$$

式中，λ_{max} 为判断矩阵 $\boldsymbol{P}$ 的最大特征值；m 为同层中指标的个数。

为判断所得结果一致性强度是否让人满意，引入平均随机一致性指标 RI，以二者的比值 CR（CR=CI/RI）作为判断的依据。RI 的具体参数见表 9-7。

表 9-7　平均随机一致性指标 RI 值

m	1	2	3	4	5	6	7	8	9
RI	0	0	0.58	0.9	1.12	1.24	1.32	1.41	1.45

当 CR<0.1 时，则可判断其一致性检验是满意的。

9.2.4　综合评价向量的处理方法

综合评价向量实质上为评价对象对各评价等级的隶属度向量，它是一个模糊向量，而不是一个确定的值。因此，为更明确地知晓评价的最终结果，需对该模糊向量进行处理。常用的处理方法有以下几种。

1）最大隶属度原则

对于综合评价向量 $\boldsymbol{Z} = \{z_1, z_2, z_3, \cdots, z_j\}$，若 $z_i = \max\{z_1, z_2, z_3, \cdots, z_j\}$，则评价对象的评估等级为第 i 级。采用这种方法较为直接，但会忽略大部分综合评价向量中所

包含的信息，甚至得出不合理的评价结果。

2) 中位数原则

对最终所得到的综合评价向量 $Z=\{z_1,z_2,z_3,\cdots,z_j\}$，设 $\theta_i=\sum_1^i z_j$，若 $\theta_i>0.5$，则评价对象的评估等级为第 i 级。该种方法利用了综合评价向量中的部分信息，但存在较大的偶然性，结果并不精确。

3) 单值化原则

为将综合评价向量进行单值化，需对各评价等级进行赋值，所赋的值需为等分值。设对 j 个等级所赋的值为 $(x_1, x_2, x_3, \cdots, x_j)$，则对综合评价向量 $Z=\{z_1,z_2, z_3,\cdots,z_j\}$，其评价单值化后的结果为：

$$F=\frac{x_1 z_1+x_2 z_2+x_3 z_3+\cdots+x_j z_j}{z_1+z_2+z_3+\cdots+z_j} \tag{9.11}$$

根据对 j 个等级所赋的值建立评价等级量化表，结合所得到的综合评价向量量化单值，则可对照评价等级量化表得到最终的评价等级。

选取单值化原则作为综合评价向量的处理方法，根据风险等级划分，对该 4 个等级赋予等分值 $(1，2，3，4)$，结合式（9.11）可得评价结果的单值计算公式如下：

$$F=\frac{z_1+2z_2+3z_3+4z_4}{z_1+z_2+z_3+z_4} \tag{9.12}$$

风险等级量化见表 9-8。

表 9-8　风险等级量化表

风险等级	Ⅰ	Ⅱ	Ⅲ	Ⅳ
安全状况	不安全	较不安全	较安全	安全
量化值	$1\leqslant F<1.5$	$1.5\leqslant F<2.5$	$2.5\leqslant F<3.5$	$3.5\leqslant F\leqslant 4$

9.3　既有 2 号线区间隧道结构风险评估研究

根据层次-模糊综合评价模型，结合南昌轨道交通 4 号线下穿既有 2 号线区间隧道的工程情况，对既有 2 号线区间隧道结构进行风险评估研究。

9.3.1　风险评估指标情况的确定

根据既有轨道交通区间隧道结构风险评估体系，通过现场调研等方式，结合南昌轨道交通 4 号线丁公路南站～丁公路北站区间隧道工程设计资料，确认风险评估体系中各评价指标的情况。

1) 新建隧道状况

新建隧道采用盾构法进行施工开挖。盾构隧道断面直径 $D=6m$，新建盾构隧道顶部到既有隧道底部的距离为 $H=4.06m$，即有隧道跨距比 $B=H/D=0.677$。

2）水文地质状况

土层性质：地勘资料显示，隧道下穿区域主要包含素填土、黏土、细砂、中砂、粗砂和泥质粉砂岩；既有隧道主要位于粗砂地层中，新建隧道主要位于泥质粉砂岩地层中。

地下水情况：该地区临近赣江，地下水资源丰富；下穿区域地下水埋深为地表下 4m。

3）既有隧道状况

采用非金属超声检测仪和混凝土回弹仪等设备对轨道交通 2 号线丁公路南站～南昌火车站区间隧道的评价指标（结构开裂、混凝土劣化和结构渗漏水）情况进行实地测量，见图 9－5 和图 9－6。

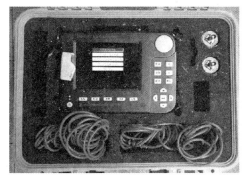 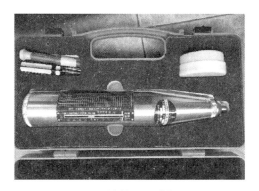

（a）非金属超声检测仪　　　　　　　　　（b）混凝土回弹仪

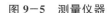

图 9－5　测量仪器

图 9－6　既有 2 号线隧道内概况

（1）结构开裂。

结合既有结构管片检查结果和南昌地铁区间隧道运营维护记录，取既有区间隧道管片裂缝宽度为 0.2mm。

（2）混凝土劣化。

采用超声回弹综合测试法对隧道内混凝土管片的现有强度进行检测，见图 9－7 和

图 9—8。为减少测量结果的偶然性，检测共分为 10 个测区，超声波检测探头的间距为 400mm。所测得既有区间隧道管片现有强度为 45.53MPa，则现有强度与设计强度（50MPa）的比值 K 为 0.91。

图 9—7　超声检测　　　　　　　　　图 9—8　回弹检测

（3）结构渗漏水。

既有区间隧道内部较为干燥，无明显流水，但存在若干较小的渗漏点。结合既有隧道全线巡检结果和运营维护记录，取结构渗漏水速度为 35 滴/分钟。

9.3.2　第一层级模糊综合评价

1）第一层级隶属度向量确定

对于"隧道施工工法""地下水条件"和"土层性质"的隶属度向量，采用专家评价法确定；对于"隧道跨距比""结构渗漏水""结构开裂"和"结构劣化"的隶属度向量，通过隶属函数确定。

（1）专家评价法。

此次"专家评价法"共发出调查表 35 份，收回有效调查表 34 份。参与本次调研的单位有南昌轨道交通集团有限公司、中铁第五工程局有限公司、中铁第四勘察设计院有限公司和西南交通大学土木学院隧道系，主要人员为教授、副教授、高级工程师、讲师、工程师及博士。

对调查表进行统计和归一化处理，可得到"隧道施工工法""地下水条件"和"土层性质" 3 个指标的隶属度向量 $\boldsymbol{R}_{11}^1$、$\boldsymbol{R}_{21}^1$ 和 $\boldsymbol{R}_{22}^1$ 如下：

$$\boldsymbol{R}_{11}^1 = [0, 0, 0.382, 0.618]$$
$$\boldsymbol{R}_{21}^1 = [0.029, 0.5, 0.412, 0.059]$$
$$\boldsymbol{R}_{22}^1 = [0, 0.323, 0.588, 0.089]$$

（2）隶属函数。

"隧道跨距比""结构渗漏水""结构开裂"和"结构劣化"评价指标的实测值见表

9—9。

表 9—9 评价指标实测值

评价指标	特征	实测值
隧道跨距比	$B=H/D$	0.677
结构开裂	最大裂缝宽度 W_{max}（mm）	0.2
结构渗漏水	渗漏速率 v（滴/分钟）	35
结构劣化	$K=$实际强度/设计强度	0.91

隧道跨距比隶属函数公式如下：

$$u_1(x)=\begin{cases}1, & x\leqslant 0.15\\ e^{-\left[\frac{\sqrt{\ln 2}(x-0.15)}{0.15}\right]^2}, & 0.15<x\leqslant 0.3\\ 1-e^{-\left[\frac{\sqrt{\ln 2}(x-0.5)}{0.2}\right]^2}, & 0.3<x\leqslant 0.5\\ 0, & x>0.5\end{cases} \tag{9.13}$$

$$u_2(x)=\begin{cases}0, & x>0.85,x\leqslant 0.15\\ 1-e^{-\left[\frac{\sqrt{\ln 2}(x-0.15)}{0.15}\right]^2}, & 0.15<x\leqslant 0.3\\ e^{-\left[\frac{\sqrt{\ln 2}(x-0.5)}{0.2}\right]^2}, & 0.3<x\leqslant 0.7\\ 1-e^{-\left[\frac{\sqrt{\ln 2}(x-0.85)}{0.15}\right]^2}, & 0.7<x<0.85\end{cases} \tag{9.14}$$

$$u_3(x)=\begin{cases}0, & x>1.5,x\leqslant 0.5\\ 1-e^{-\left[\frac{\sqrt{\ln 2}(x-0.5)}{0.2}\right]^2}, & 0.5<x\leqslant 0.7\\ e^{-\left[\frac{\sqrt{\ln 2}(x-0.85)}{0.15}\right]^2}, & 0.7<x\leqslant 1.0\\ 1-e^{-\left[\frac{\sqrt{\ln 2}(x-1.5)}{0.5}\right]^2}, & 1.0<x<1.5\end{cases} \tag{9.15}$$

$$u_4(x)=\begin{cases}0, & x\leqslant 0.85\\ 1-e^{-\left[\frac{\sqrt{\ln 2}(x-0.85)}{0.15}\right]^2}, & 0.85<x\leqslant 1.0\\ e^{-\left[\frac{\sqrt{\ln 2}(x-1.5)}{0.5}\right]^2}, & 1.0<x\leqslant 1.5\\ 1, & x>1.5\end{cases} \tag{9.16}$$

将表 9—9 中的隧道跨距比实测值代入式（9.13）～式（9.16），可得到表征隧道跨距比情况的隶属度向量：

$$\boldsymbol{R}_{12}^1=[u_1(0.677),u_2(0.677),u_3(0.677),u_4(0.677)]=[0,0.581,0.419,0]$$

隧道结构渗漏水隶属函数公式如下：

$$u_1(x)=\begin{cases}1, & x\leqslant 2.5\\ e^{-\left[\frac{\sqrt{\ln 2}(x-2.5)}{2.5}\right]^2}, & 2.5<x\leqslant 5\\ 1-e^{-\left[\frac{\sqrt{\ln 2}(x-32.5)}{27.5}\right]^2}, & 5<x\leqslant 32.5\\ 0, & x>32.5\end{cases} \tag{9.17}$$

143

$$u_2(x) = \begin{cases} 0, & x > 180, x \leqslant 2.5 \\ 1 - e^{-\left[\frac{\sqrt{\ln 2}(x-2.5)}{2.5}\right]^2}, & 2.5 < x \leqslant 5 \\ e^{-\left[\frac{\sqrt{\ln 2}(x-32.5)}{27.5}\right]^2}, & 5 < x \leqslant 60 \\ 1 - e^{-\left[\frac{\sqrt{\ln 2}(x-180)}{120}\right]^2}, & 60 < x < 180 \end{cases} \quad (9.18)$$

$$u_3(x) = \begin{cases} 0, & x > 450, x \leqslant 32.5 \\ 1 - e^{-\left[\frac{\sqrt{\ln 2}(x-32.5)}{27.5}\right]^2}, & 32.5 < x \leqslant 60 \\ e^{-\left[\frac{\sqrt{\ln 2}(x-180)}{120}\right]^2}, & 60 < x \leqslant 300 \\ 1 - e^{-\left[\frac{\sqrt{\ln 2}(x-450)}{150}\right]^2}, & 300 < x < 450 \end{cases} \quad (9.19)$$

$$u_4(x) = \begin{cases} 0, & x \leqslant 180 \\ 1 - e^{-\left[\frac{\sqrt{\ln 2}(x-180)}{120}\right]^2}, & 180 < x \leqslant 300 \\ e^{-\left[\frac{\sqrt{\ln 2}(x-450)}{150}\right]^2}, & 300 < x \leqslant 450 \\ 1, & x > 450 \end{cases} \quad (9.20)$$

将表 9-9 中的隧道结构渗漏水实测值代入式 (9.17) ～式 (9.20)，可得表征隧道结构渗漏水程度的隶属度向量：

$$\boldsymbol{R}_{31}^1 = [u_4(35), u_3(35), u_2(35), u_1(35)] = [0, 0.01, 0.99, 0]$$

隧道结构开裂隶属函数公式如下：

$$u_1(x) = \begin{cases} 1, & x \leqslant 0.05 \\ e^{-\left[\frac{\sqrt{\ln 2}(x-0.05)}{0.05}\right]^2}, & 0.05 < x \leqslant 0.1 \\ 1 - e^{-\left[\frac{\sqrt{\ln 2}(x-0.15)}{0.05}\right]^2}, & 0.1 < x \leqslant 0.15 \\ 0, & x > 0.15 \end{cases} \quad (9.21)$$

$$u_2(x) = \begin{cases} 0, & x > 0.3, x \leqslant 0.05 \\ 1 - e^{-\left[\frac{\sqrt{\ln 2}(x-0.05)}{0.05}\right]^2}, & 0.05 < x \leqslant 0.1 \\ e^{-\left[\frac{\sqrt{\ln 2}(x-0.15)}{0.05}\right]^2}, & 0.1 < x \leqslant 0.2 \\ 1 - e^{-\left[\frac{\sqrt{\ln 2}(x-0.3)}{0.1}\right]^2}, & 0.2 < x < 0.3 \end{cases} \quad (9.22)$$

$$u_3(x) = \begin{cases} 0, & x > 0.6, x \leqslant 0.15 \\ 1 - e^{-\left[\frac{\sqrt{\ln 2}(x-0.15)}{0.05}\right]^2}, & 0.15 < x \leqslant 0.2 \\ e^{-\left[\frac{\sqrt{\ln 2}(x-0.3)}{0.1}\right]^2}, & 0.2 < x \leqslant 0.4 \\ 1 - e^{-\left[\frac{\sqrt{\ln 2}(x-0.6)}{0.2}\right]^2}, & 0.4 < x < 0.6 \end{cases} \quad (9.23)$$

$$u_4(x) = \begin{cases} 0, & x \leqslant 0.3 \\ 1 - e^{-\left[\frac{\sqrt{\ln 2}(x-0.3)}{0.1}\right]^2}, & 0.3 < x \leqslant 0.4 \\ e^{-\left[\frac{\sqrt{\ln 2}(x-0.6)}{0.2}\right]^2}, & 0.4 < x \leqslant 0.6 \\ 1, & x > 0.6 \end{cases} \quad (9.24)$$

将表 9-9 中的隧道结构开裂实测值代入式 (9.21) ～式 (9.24)，可得表征隧道结构开裂程度的隶属度向量：
$$\boldsymbol{R}_{32}^1 = \left[u_4(0.2), u_3(0.2), u_2(0.2), u_1(0.2)\right] = [0, 0.5, 0.5, 0]$$

隧道结构劣化隶属函数公式如下：

$$u_1(x) = \begin{cases} 1, & x \leqslant 0.34 \\ e^{-\left[\frac{\sqrt{\ln 2}(x-0.34)}{0.34}\right]^2}, & 0.34 < x \leqslant 0.68 \\ 1 - e^{-\left[\frac{\sqrt{\ln 2}(x-0.74)}{0.06}\right]^2}, & 0.68 < x \leqslant 0.74 \\ 0, & x > 0.74 \end{cases} \tag{9.25}$$

$$u_2(x) = \begin{cases} 0, & x > 0.84, x \leqslant 0.34 \\ 1 - e^{-\left[\frac{\sqrt{\ln 2}(x-0.34)}{0.34}\right]^2}, & 0.34 < x \leqslant 0.68 \\ e^{-\left[\frac{\sqrt{\ln 2}(x-0.74)}{0.06}\right]^2}, & 0.68 < x \leqslant 0.8 \\ 1 - e^{-\left[\frac{\sqrt{\ln 2}(x-0.84)}{0.04}\right]^2}, & 0.8 < x < 0.84 \end{cases} \tag{9.26}$$

$$u_3(x) = \begin{cases} 0, & x \geqslant 1, x \leqslant 0.74 \\ 1 - e^{-\left[\frac{\sqrt{\ln 2}(x-0.74)}{0.06}\right]^2}, & 0.74 < x \leqslant 0.8 \\ e^{-\left[\frac{\sqrt{\ln 2}(x-0.84)}{0.04}\right]^2}, & 0.8 < x \leqslant 0.88 \\ 1 - e^{-\left[\frac{\sqrt{\ln 2}(x-1)}{0.12}\right]^2}, & 0.88 < x < 1 \end{cases} \tag{9.27}$$

$$u_4(x) = \begin{cases} 0, & x \leqslant 0.84 \\ 1 - e^{-\left[\frac{\sqrt{\ln 2}(x-0.84)}{0.04}\right]^2}, & 0.84 < x \leqslant 0.88 \\ e^{-\left[\frac{\sqrt{\ln 2}(x-1)}{0.12}\right]^2}, & 0.88 < x \leqslant 1 \\ 1, & x > 1 \end{cases} \tag{9.28}$$

将表 9-9 中的隧道结构劣化实测值代入式（9.25）～式（9.28），可得表征隧道结构劣化程度的隶属度向量：
$$\boldsymbol{R}_{33}^1 = \left[u_1(0.91), u_2(0.91), u_3(0.91), u_4(0.91)\right] = [0, 0, 0.677, 0.323]$$

2）第一层级权向量确定

第一层级主要包括新建隧道状况、水文地质状况和既有隧道状况 3 个部分，采用乘积标度法对该层级的权向量进行标度。

（1）新建隧道状况。

新建隧道状况包含隧道施工工法和隧道跨距比两个评价指标。结合专家评价表结果，判断"隧道跨距比"与"隧道施工工法"相比较为两个"稍微大"，则有：
$$W_A : W_B = 1.354^2 : 1 = 1.833 : 1$$

进行归一化后，得到权向量为：
$$\boldsymbol{w}_1^1 = [0.353, 0.647]$$

此部分只有两个评价指标，因此其判断矩阵一定满足一致性。

（2）水文地质状况。

水文地质状况包含地下水条件和土层性质两个评价指标。地下水和土层作为新建结构与既有结构之间填充的介质，在新建隧道产生扰动之后，该影响通过地下水及土层逐渐传递至既有结构。在此过程中，地下水与土层的作用效果较为接近，可认为"地下水条件"与"土层性质"相比较为"相同"，则有：

$$W_A : W_B = 1 : 1$$

进行归一化后，得到权向量为：

$$\boldsymbol{w}_2^1 = [0.5, 0.5]$$

此部分只有两个评价指标，因此其判断矩阵一定满足一致性。

（3）既有隧道状况。

既有隧道状况包含结构渗漏水、结构开裂和结构劣化 3 个评价指标。由于既有隧道结构处于透水性较强的砂性地层之中，当既有结构因新建隧道开挖扰动产生变形后，渗漏水处极有可能在水压作用下进一步扩展，导致结构发生破坏。结构开裂和结构劣化两个指标均表征对结构承载能力的影响，可认为"结构渗漏水"与"结构开裂"相比为"稍微大"，"结构劣化"与"结构开裂"相比为"相同"，则有：

$$W_A : W_B : W_C = 1.354 : 1 : 1$$

进行归一化后，得到权向量为：

$$\boldsymbol{w}_3^1 = [0.404, 0.298, 0.298]$$

此部分有 3 个评价指标，需对其进行一致性判断。构造判断矩阵 $\boldsymbol{P}_3$ 为：

$$\boldsymbol{P}_3 = \begin{bmatrix} 1 & 0.739 & 0.739 \\ 1.354 & 1 & 1 \\ 1.354 & 1 & 1 \end{bmatrix}$$

该判断矩阵的最大特征值为 3.0004，且有 $m=3$，则该判断矩阵的一致性指标 CI 值为：

$$CI = \frac{\lambda_{\max} - m}{m - 1} = \frac{3.0004 - 3}{3 - 1} = 0.0002$$

平均随机一致性指标 RI 值为 0.58，则有 CR＝0.00034＜0.1，即满足一致性判断。

3）第二层级隶属度向量确定

根据第一层级各指标隶属度向量及权向量的计算，可得第二层级各指标的隶属度向量。

（1）新建隧道状况。

结合隧道施工工法和隧道跨距比的隶属度向量，可得新建隧道状况与指标间的模糊关系矩阵为：

$$\boldsymbol{R}_1^1 = \begin{bmatrix} \boldsymbol{R}_{11}^1 \\ \boldsymbol{R}_{12}^1 \end{bmatrix} = \begin{bmatrix} 0 & 0 & 0.382 & 0.618 \\ 0 & 0.581 & 0.419 & 0 \end{bmatrix}$$

则新建隧道状况的隶属度向量为：

$$\boldsymbol{R}_1^2 = \boldsymbol{w}_1^1 \times \boldsymbol{R}_1^1 = [0.353 \quad 0.647] \times \begin{bmatrix} 0 & 0 & 0.382 & 0.618 \\ 0 & 0.581 & 0.419 & 0 \end{bmatrix}$$

$$= [0 \quad 0.376 \quad 0.406 \quad 0.218]$$

（2）水文地质状况。

结合地下水和土层地质的隶属度向量，可得水文地质状况与指标间的模糊关系矩

阵为:

$$R_2^1 = \begin{bmatrix} R_{21}^1 \\ R_{22}^1 \end{bmatrix} = \begin{bmatrix} 0.029 & 0.5 & 0.412 & 0.059 \\ 0 & 0.323 & 0.588 & 0.089 \end{bmatrix}$$

即有新建隧道状况的隶属度向量为:

$$R_2^2 = w_2^1 \times R_2^1 = \begin{bmatrix} 0.5 & 0.5 \end{bmatrix} \times \begin{bmatrix} 0.029 & 0.5 & 0.412 & 0.059 \\ 0 & 0.323 & 0.588 & 0.089 \end{bmatrix}$$
$$= \begin{bmatrix} 0.014 & 0.412 & 0.5 & 0.074 \end{bmatrix}$$

(3) 既有隧道状况。

结合结构渗漏水、结构开裂和结构劣化的隶属度向量,可得既有隧道状况与指标间的模糊关系矩阵为:

$$R_3^1 = \begin{bmatrix} R_{31}^1 \\ R_{32}^1 \\ R_{33}^1 \end{bmatrix} = \begin{bmatrix} 0 & 0.01 & 0.99 & 0 \\ 0 & 0.5 & 0.5 & 0 \\ 0 & 0 & 0.677 & 0.323 \end{bmatrix}$$

则既有隧道状况的隶属度向量为:

$$R_3^2 = w_3^1 \times R_3^1 = \begin{bmatrix} 0.404 & 0.298 & 0.298 \end{bmatrix} \times \begin{bmatrix} 0 & 0.01 & 0.99 & 0 \\ 0 & 0.5 & 0.5 & 0 \\ 0 & 0 & 0.677 & 0.323 \end{bmatrix}$$
$$= \begin{bmatrix} 0 & 0.153 & 0.751 & 0.096 \end{bmatrix}$$

9.3.3　第二层级模糊综合评价

1) 第二层级权向量确定

第二层级的评价指标为新建隧道状况、水文地质状况和既有隧道状况。当既有隧道周围没有新建工程时,可认为既有隧道的安全风险是极低的;当新建隧道施工时,其产生的地层扰动经地下水和土层传递至既有隧道,导致既有隧道产生新的安全风险。因此,"新建隧道状况"与"水文地质状况"相比为"相同","新建隧道状况"与"既有隧道状况"相比为"稍微大",则有:

$$W_A : W_B : W_C = 1.354 : 1.354 : 1$$

进行归一化后,得到权向量为:

$$w^2 = [0.365, 0.365, 0.270]$$

此部分有 3 个评价指标,需对其进行一致性判断。构造判断矩阵 P_3 为:

$$P_3 = \begin{bmatrix} 1 & 1 & 0.739 \\ 1 & 1 & 0.739 \\ 1.354 & 1.354 & 1 \end{bmatrix}$$

该判断矩阵的最大特征值为 3.0004,且有 $m=3$,则该判断矩阵的一致性指标 CI 值为:

$$CI = \frac{\lambda_{max} - m}{m - 1} = \frac{3.0004 - 3}{3 - 1} = 0.0002$$

平均随机一致性指标 RI 值为 0.58,则有 CR=0.00034<0.1,即满足一致性判断。

2）综合评价结果向量

结合新建隧道状况、水文地质状况和既有隧道状况的隶属度向量，可得新建隧道下穿既有隧道结构风险情况与第二层级指标间的模糊关系矩阵为：

$$\boldsymbol{R}^2 = \begin{bmatrix} \boldsymbol{R}_1^2 \\ \boldsymbol{R}_2^2 \\ \boldsymbol{R}_3^2 \end{bmatrix} = \begin{bmatrix} 0 & 0.376 & 0.406 & 0.218 \\ 0.014 & 0.412 & 0.5 & 0.074 \\ 0 & 0.153 & 0.751 & 0.096 \end{bmatrix}$$

综合评价结果向量（新建隧道下穿既有隧道风险情况的隶属度向量）为：

$$\boldsymbol{Z} = \boldsymbol{w}^2 \times \boldsymbol{R}^2 = \begin{bmatrix} 0.365 & 0.365 & 0.270 \end{bmatrix} \times \begin{bmatrix} 0 & 0.376 & 0.406 & 0.218 \\ 0.014 & 0.412 & 0.5 & 0.074 \\ 0 & 0.153 & 0.751 & 0.096 \end{bmatrix}$$

$$= \begin{bmatrix} 0.005 & 0.329 & 0.533 & 0.133 \end{bmatrix}$$

9.3.4 评价结果

采用单值化原则对综合评价向量进行处理可得：

$$F = \frac{0.005 + 2 \times 0.329 + 3 \times 0.533 + 4 \times 0.133}{0.005 + 0.329 + 0.533 + 0.133} = 2.794$$

结合风险等级量化表可知，既有 2 号线区间隧道结构的风险等级为Ⅲ级（较安全）。在该风险等级下，区间隧道结构变形正常，地铁可正常运营。但存在一定对结构变形有较大影响的因素，需对结构变形进行监测。

第 10 章　富水复合地层盾构隧道下穿
既有车站安全控制标准与风险评估

随地铁建设规模的日趋扩大,新建地铁线路下穿上跨既有地铁结构或区间隧道已难以避免。当新线近距离下穿穿越既车站时,必然对既有结构产生扰动,影响上覆既有车站的结构安全。为较为准确地评估新建地铁隧道下穿既有车站的风险程度,依托南昌市轨道交通 4 号线"丁~人区间"隧道下穿既有 1 号线地铁车站工程,综合运用肯特法和模糊层次综合评估法,建立较为完善的安全控制标准与风险评估体系,对既有车站结构风险等级进行评定。

10.1　安全控制标准

根据《城市轨道交通结构安全保护技术规程》相关规定,既有设施安全控制标准需结合外部作业工程特点而制定。本工程既有车站所在地区承压水水头很高,周边环境复杂,外部作业(新建车站基坑工程和暗挖工程)均位于既有车站结构的强烈影响区内,与既有车站结构接近程度较高,项目实施对既有车站影响等级为特级。对于国内类似工程案例,多数密贴暗挖下穿既有车站的控制指标更为严格(沉降控制指标均<5 mm);结合本项目冻结法施工的特点,制定了适用于本工程的变形控制指标:

（1）既有车站结构底板及轨道最大变形控制值为−6~2mm,相邻柱差异沉降<4mm。

（2）车站底板施工缝每日沉降或隆起变形增量不超过±1.0mm,施工缝最大变形控制值为±1.0mm。

（3）道床与结构剥离控制值不超过 1mm,地表沉降不超过 10mm。

考虑现场施工的复杂性、监测误差以及其他因素的影响,将总控制值的 75% 作为预警值,80% 作为报警值。

10.2　盾构隧道下穿既有车站的施工风险定量评估

10.2.1　肯特法风险评估

1) 肯特法风险评估体系

肯特法(KENT)较早应用于输油管道类的工程风险评估。美国于 20 世纪 70 年代开始研究肯特危险指数评价方法，20 世纪 90 年代将其成功应用到油气管线的风险管理上。该方法的优点在于不必建立精确的数学模型和计算方法，不必采用复杂的强度理论，而是在相关专家和富有经验的现场操作人员的意见基础上，结合简单的公式进行打分评判，其评价结果的精确性取决于专家经验的全面性和划分影响因素的细致性、层次性。

肯特法是独立分析各影响因素后求取指数和：

$$S = T + C + D + O \qquad (10.1)$$

式中，T 为第三方指数，包括活动程度、覆盖层厚度及地面设施等；C 为腐蚀指数，包括大气腐蚀、管道内腐蚀及埋地金属腐蚀等；D 为设计指数，包括管道安全系数、系统安全系数及疲劳等；O 为误操作指数，包括施工安全设计、管道施工及安全维护等。

分析管道内物质的危险指数 M 和影响系数 N，可得泄露指数 $P = M/N$，在此基础上即可计算相对风险值 K（$K = S/P$）。

结合本工程实际情况，引入隧道指数 F_1、地层指数 F_2 及既有结构物指数 F_3，考虑位置关系影响系数 S_1、重要度影响系数 S_2、指数之和 MF、影响指数 MS 及相对风险值 K 对风险评估的影响，得到穿越既有隧道的肯特法风险评估体系，见图 10-1。

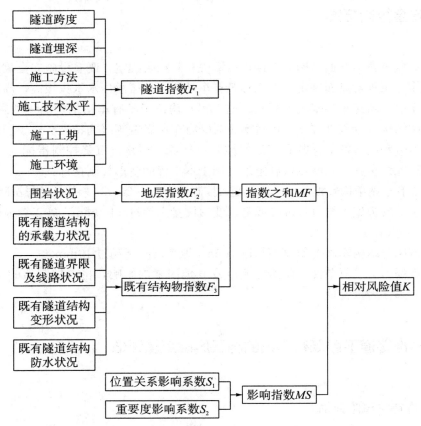

图 10-1　穿越既有隧道的肯特法风险评估体系

穿越既有隧道的肯特法风险评估体系中，指数越大，相应风险越高，表达式为：

$$MF = F_1 \times F_2 \times F_3 \tag{10.2}$$

$$MS = S_1 \times S_2 \tag{10.3}$$

$$K = \frac{MF \times MS}{1000} = \frac{F_1 \times F_2 \times F_3 \times S_1 \times S_2}{1000} \tag{10.4}$$

2）既有隧道安全风险评估流程

地铁车站穿越既有隧道风险安全评估及控制流程见图 10-2。

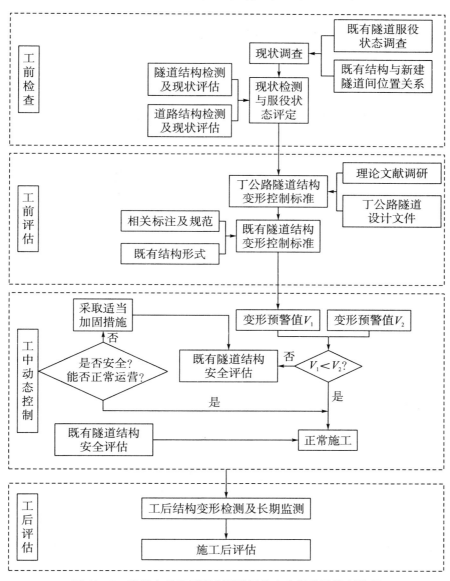

图 10-2　地铁车站穿越既有隧道风险安全评估及控制流程

3）隧道现状评估

施工前，须对既有隧道结构的现状进行详细调查和工前评估，为后续控制标准的制定、新建车站施工风险评估、施工过程控制等提供依据。结合既有隧道、周边环境、地质水文情况等基本资料，对既有隧道结构进行了现状调查、结构检测和评估分析，全面了解了既有隧道结构的健康状态和承载状况。工前评估的主要成果如下：

（1）根据设计提供的隧道顶、底板标高工程及工程地质纵断面图，拟建隧道将穿越的地层主要有冲积砾砂③-5、圆砾③-6、强风化泥质粉砂岩⑤-1-2、中风化泥质粉砂岩⑤-1-3、中风化钙质泥岩⑤-4-2层，局部为中砂③-3、粗砂③-4；下穿既有地铁车站的底板位于③圆砾土层。隧道施工过程中，岩相变化、风化程度不均匀、地层组成成分不同及掘进面的岩性不一，是盾构法施工的不利条件，设计和施工对此应予以高度重视，确保施工顺利进行；围岩类别为Ⅵ类，岩土施工工程分级为Ⅰ～Ⅳ级。

（2）地下水类型包含第四系松散层和强风化带中的孔隙潜水、强～中风化基岩裂隙水，局部分布赋存于人工填土、黏性土中的上层滞水。潜水位初见水位埋深 4.30～9.00m，相当标高为 11.09～15.23m；潜水稳定水位埋深 3.90～9.20m，相当标高为 10.89～16.01m；场地地下水稳定，水位年变化幅度可按 1.00～3.00m 考虑。

（3）拟建地铁工程为永久性重要工程，施工时间长，在结构设计时应特别注意车站与隧道接口的防渗漏问题，并按有关规范要求对钢结构采取有效的防腐蚀措施，以提高混凝土的密实性要求和抗渗要求。隧道两端头将穿越冲积相饱和砂层，该类砂层属中等～强透水性地层及含水层，亦属软弱隧道围岩，施工时应采取有效的隔、防水措施，防止隧道施工中发生涌水、涌砂，甚至造成局部坍塌等工程危害。

4）密贴下穿既有车站风险等级评价

4 号线隧道下穿 1 号线丁公路北站的肯特法风险评估模型中，各分项指数的影响因素得分情况见表 10-1。

表 10-1　4 号线隧道下穿 1 号线丁公路北站综合评分表

分项指数	影响因素	得分
隧道指数 F_1	隧道跨度	15
	隧道埋深	15
	施工方法	10
	施工技术水平	10
	施工工期	2
	施工环境	2
地层指数 F_2	围岩状况	70
既有结构物指数 F_3	既有隧道结构的承载力状况	25
	既有隧道限界及线路状况	15
	既有隧道结构变形状况	22
	既有隧道结构的渗漏水状况	10
影响指数 MS	位置关系影响系数 S_1	1
	重要度影响系数 S_2	1

在采用肯特法对穿越既有隧道的风险进行评估时，风险值与风险等级应作如下规定：当相对风险值 $K<250$ 时，风险等级为"低度"；当 $250\leqslant K<400$ 时，风险等级为"中度"；当 $400\leqslant K<550$ 时，风险等级为"高度"；当 $K\geqslant550$ 时，风险等级为"极高"。根据穿越工程的实际情况，结合表 10-1 中得分，可计算得到本穿越工程相对风险值 $K=272.16$，风险等级评价为"中度"，后续施工过程中应采取有针对性的措施进行风险控制，将本穿越施工风险降到最低。

5）既有结构变形控制标准制定

"丁～人区间"下行线长度 944.767m（短链 4.921m），上行线长度 944.566m（短链 4.021m），最小曲线半径为 350m，最大坡度 27‰，最小坡度 2‰。新建隧道施工影响下，对既有结构的有效管控需要借助合理的控制指标来实现。结构应力指标虽能从结构力学的角度揭示结构的实际受荷状态，但实时监测施工过程中结构的弹性模量和应力变化较为困难且成本较高。因此，对既有地下结构，通常采用结构变形作为主控项目来指导施工。施工对既有结构的外在影响体现为扰动引起的既有结构变形。

下穿施工影响下既有结构的变形符合 Peck 公式分布规律，可通过沉降、倾斜、扭转等指标进行控制。为计算下穿施工影响下既有结构的变形，以新建隧道施工方向的反方向作为 y 轴方向，垂直向下作为 z 轴方向，利用右手法则建立坐标系 $o-xyz$，a、b、c、d 分别表示穿越工程实施前底板平面上的 4 个点，a'、b'、c'、d' 分别表示穿越工程实施后底板平面上的与 a、b、c、d 相对应的 4 个点；将变形前的 a、b、c、d 和变形后的 a'、b'、c'、d' 连接，视为一个微元（见图 10-3），S_a、S_b、S_c、S_d 分别为 a、b、c、d 在 z 轴的沉降。在整个穿越工程的施工过程中，该微元的变形包括均匀沉降（或隆起）、旋转和扭曲。

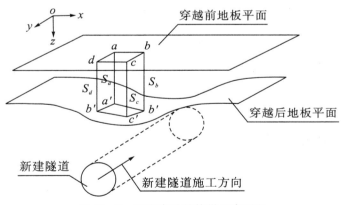

图 10-3　既有车站结构微元变形图

假定穿越施工完成后既有结构底板变形曲面方程为 $f(x,y)$，则结构扭曲变形为：

$$T_w(x,y) = \frac{\partial^2 f(x,y)}{\partial x \partial y} \tag{10.5}$$

在实际工程中，对既有结构底板沉降的监测，通常以离散型单点的形式进行，因此可假定底板变形曲面 $f(x,y)$ 中微元四角点的沉降是已知的。用 Δx 和 Δy 分别表示

微元体在 x 轴和 y 轴方向上的长度，则即有结构底板在 ad 与 bc 方向的转角为：

$$\theta_{ad} \cong \tan\theta_{ad} = (S_a - S_d)/\Delta y \tag{10.6}$$

$$\theta_{bc} \cong \tan\theta_{bc} = (S_b - S_c)/\Delta y \tag{10.7}$$

若 $\theta_{ad} \neq \theta_{bc}$，则结构底板在穿越施工过程中发生均匀沉降（或隆起）和刚性旋转；若 $\theta_{ad} \neq \theta_{bc}$，则结构底板在穿越施工过程中还发生了扭曲变形

$$T_w = (\theta_{ad} - \theta_{bc})/\Delta x = [(S_a - S_d) - (S_b - S_c)]/(\Delta x \cdot \Delta y) \tag{10.8}$$

综合考虑理论计算结果和施工过程中冻结壁的作用，既有地下结构在两变形缝之间的管节的扭转变形相对较小。平行下穿施工情形下既有地下结构的变形指标为整体沉降和差异沉降。其中，整体沉降为1号线丁公路北车站结构的整体沉降，差异沉降为既有车站的中墙与边墙之间的差异沉降。

基于既有隧道现状的评估结果和下穿隧道施工引起的既有车站变形模式，考虑风险等级及结构安全系数，采用荷载－结构模型分析既有隧道结构在不同变形模式下的容许变形值。本工程变形控制标准见表10－2。

表 10－2　既有 1 号线车站结构变形控制标准

监测项目	预警值/mm	控制值/mm
车站结构累计沉降	1.8	2.6
车站结构累计横向位移	1.2	1.5
轨道累计沉降	1.8	2.6
轨道累计横向位移	1.2	1.5
结构及轨道上浮	1.2	1.4
车站变形缝差异沉降	0.5	1.0
车站变形缝横向差异	0.5	1.0

允许变形值计算过程中，结构强度可通过永久荷载和基本可变荷载组合来验算（混凝土抗压和抗剪极限强度的安全系数取 2.0，抗拉极限强度的安全系数取 2.4）。施工中应根据工程实际实施情况和监测反馈分析等对控制标准予以优化调整。

10.2.2　模糊层次综合评估

地铁工程因其地理位置特殊、地下作业多、涉及工程专业多等特殊性，导致建设过程中不确定因素较多，安全风险大。随地铁建设规模的大力发展，新建地铁线路穿越既有地铁结构或轨道线路已不可避免，这必然对既有结构产生扰动，影响隧道施工及上覆既有车站运营的安全。

近距离下穿隧道的施工作为特殊的地下工程，存在模糊性和不确定性，其施工环境中存在岩爆、塌方、突涌水等现象，将对施工组织设计、围岩稳定性、施工质量、施工进度产生重要影响，从而影响隧道施工的安全性评价。由于隧道施工环境的复杂性，导致地铁隧道施工很难建立统一的安全性评价模型。对于复合地层近接施工，主要采用模糊综合评判法对既有结构不同程度的风险进行评价，并划分风险等级。该方法可将定性

和定量指标结合，为隧道施工风险、塌方风险、岩体质量、结构安全评估、施工组织、衬砌等方面的综合评估提供依据。

本节以南昌市轨道交通 4 号线"丁～人区间"隧道下穿 1 号线既有地铁车站工程为对象构建"故障树"；采用三角模糊函数表征底事件的发生概率，计算出顶事件发生的概率、基本事件的重要度；建立因素集和评价集，通过模糊层次分析法确定因素权重，专家打分法确定隶属度，对上覆地铁车站破坏风险进行模糊综合评价和风险等级评定。

1）故障树的建立

以"上覆地铁车站变形破坏"为顶上事件，将造成上覆地铁车站变形破坏的因素分为"下穿隧道因素""地质因素"和"上覆车站自身因素"，见图 10－4。

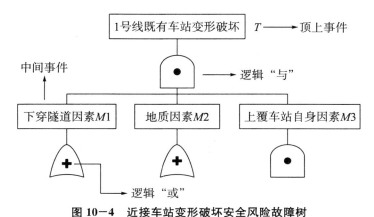

图 10－4　近接车站变形破坏安全风险故障树

2）下穿隧道因素

下穿隧道因素的风险故障树见图 10－5。其破坏因素分为：冻结施工和隧道变形 2个大类。

（1）冻结施工。

在人工地层冻结法施工中，冻结管断裂、盐水漏失和冻结帷幕厚度不足是导致地层变形的重要因素。在土层交界处的冻结管断裂会在界面区域形成温度差异，使局部冻结体强度减弱，容易引发应力集中现象，导致地层出现不均匀沉降或局部坍塌。盐水漏失通常发生在冻结管断裂、冻结管端头连接处，导致冻结施工暂停甚至融化冻结壁或降低冻土强度，进一步加剧地层的不稳定。冻结帷幕厚度不足会使冻土体失去足够的支撑作用，尤其在承受地下水渗透压力时更易失稳，导致局部剪切破坏，造成土体松散并影响周围地面建筑的沉降和位移。因此，冻结施工的基本事件为"冻结管断裂""盐水漏失"和"冻结帷幕厚度不足"。

（2）隧道变形。

若开挖方法、导坑开挖顺序或各导坑的步序间距不合理，会引起隧道变形过大。隧道施工过程中初期支护和二次衬砌的强度不足时，会导致隧道塌方、上覆车站变形。因此，隧道变形的基本事件为"开挖工法和时机不合理"和"支护强度不足"。

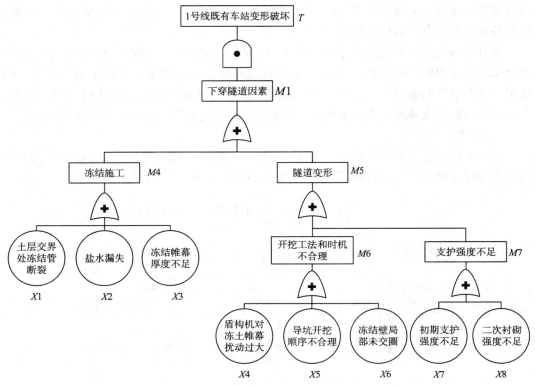

图 10-5 下穿隧道因素子系统安全风险故障树

3）地质因素

地质因素分为不良土质影响和地下水位影响。不良土质影响主要包括泥质粉砂岩、湿陷性土、软土及其他不良地质。泥质粉砂岩在风化作用下，其岩石结构会变得疏松，导致岩石内部存在大量的孔隙和裂缝；泥质粉砂岩的颗粒结构使其具有一定的水分吸附能力，从而在水分含量较高时会表现出较高的渗透性，导致其基础稳定性降低，影响建筑物的安全。大量渗水一般只发生在施工阶段，而微量渗水在施工和运营阶段皆有可能发生。

地下水位下降会引起土体固结沉降，进而导致上覆车站沉降；地下水位上升会引起土层强度下降，可能导致隧道塌方从而影响上覆车站稳定。地质因素的风险故障树见图 10-6。

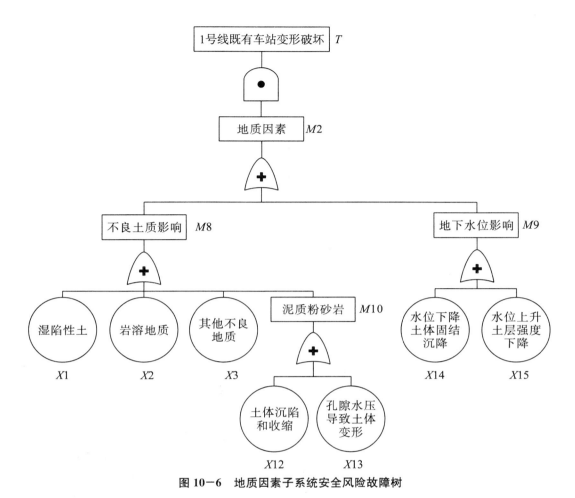

图 10-6 地质因素子系统安全风险故障树

4) 上覆车站自身因素

完损现状差和地表水渗水通道是上覆车站自身的破坏因素。我国《城市轨道交通设施养护维修技术规范》将车站结构状态总体技术评定结果分为 1~5 级。地铁车站在运营中很有可能会出现结构裂缝和沉降变形，而地表水会通过车站的结构（桩或墙体外侧）渗入车站下方，形成渗水通道，导致下部土层增湿。上覆车站自身因素的风险故障树见图 10-7。

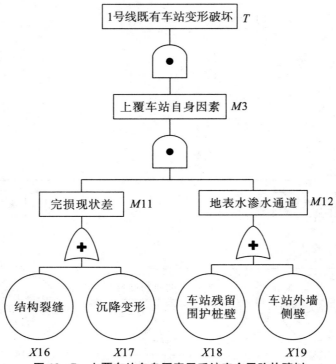

图 10-7　上覆车站自身因素子系统安全风险故障树

5）最小割集

"下行法"是由 Fussell 根据 Vesely 编制的计算机程序 MOCUS（获得割集的方法）于 1972 年提出的一种手工算法。故障树中的逻辑"或"门会增加割集的数目，逻辑"与"门会增大割集容量。从故障树的顶事件开始，由上到下，顺次把上一级事件置换为下一级事件，遇到"与"门将输入事件横向并列写出，遇到"或"门则将输入事件竖向串列写出，直至把全部逻辑门都置换为底事件为止，由此可得该故障树的全部割集。本研究采用该方法对故障树进行遍历得到 224 个四阶割集。其逻辑运算为：

$$T = M_1 \cdot M_2 \cdot M_3 \tag{10.9}$$

其中：

$$M_1 = M_4 + M_5 = X_1 + X_2 + X_3 + X_4 + X_5 + X_6 + X_7 + X_8$$

$$M_2 = M_8 + M_9 = X_9 + X_{10} + X_{11} + X_{12} + X_{13} + X_{14} + X_{15} \tag{10.10}$$

$$M_3 = M_{11} \cdot M_{12} = (X_{16} + X_{17})(X_{18} + X_{19})$$

6）顶事件的概率及底事件的重要度

（1）底事件发生概率。

一般的模糊数 A 用 3 个参数 m、a 和 β 表示，记为 $A = (\alpha, m, \beta)$。其中，m 为模糊数 A 的均值；a 和 β 分别为模糊数 A 的左、右分布参数。

若模糊数 A 的隶属函数满足：

$$\mu_A(x) = \begin{cases} L(x), x < m \\ 1, \quad\quad x = m \\ R(x), x > m \end{cases} \tag{10.11}$$

则称模糊数 A 为 L−R 型模糊数。工程上常用的 L−R 型模糊数有三角模糊数、正态型模糊数等。

采用三角模糊数表征基本事件发生的概率（α，m，β），见表 10−3。在下穿隧道施工过程中，土层交界处冻结管断裂、盐水漏失、冻结壁局部未交圈等事件发生的风险大，因此取高值；二次衬砌强度不足的风险最低，取值最小。在地质因素的基本事件中，由于本次研究只涉及泥质粉砂岩，因此 $X9 \sim X11$ 的发生概率为 0。

表 10−3　底事件发生概率

破坏因素	编号	基本事件名称	α	m	β
下穿隧道因素	X1	土层交界处冻结管断裂	0.15	0.2	0.3
	X2	盐水漏失	0.15	0.2	0.3
	X3	冻结帷幕厚度不足	0.05	0.1	0.15
	X4	盾构机对冻土帷幕扰动过大	0.05	0.1	0.15
	X5	导坑开挖顺序不合理	0.05	0.1	0.15
	X6	冻结壁局部未交圈	0.15	0.2	0.3
	X7	初期支护强度不足	0.05	0.1	0.15
	X8	二次衬砌强度不足	0	0.01	0.02
地质因素	X9	湿陷性土	0	0	0
	X10	岩溶地质	0	0	0
	X11	其他不良地质	0	0	0
	X12	土体沉陷和收缩	0.05	0.1	0.15
	X13	孔隙水压导致土体变形	0	0.01	0.02
	X14	水位下降土体固结沉降	0.05	0.1	0.15
	X15	水位上升土层强度下降	0.05	0.1	0.15
上覆车站自身因素	X16	结构裂缝	0.15	0.2	0.3
	X17	沉降变形	0.05	0.1	0.15
	X18	车站残留围护桩壁	0.05	0.1	0.15
	X19	车站外墙侧壁	0.05	0.1	0.15

（2）顶事件发生概率。

在模糊数的代数运算基础上，可对故障树的"与"门和"或"门进行模糊运算，分别称为"与"门模糊算子和"或"门模糊算子。

传统的故障树分析中，"与"门算子为：

$$P_{\text{AND}} = \prod_{i=1}^{n} P_i \tag{10.12}$$

式中，P_i 为事件 i 的发生概率。若事件发生的概率为一模糊数 $P_i = (\alpha_i$，m_i，$\beta_i)$，则根据模糊理论的扩展原理分别可得：

$$P_{\sim \text{AND}} = \prod_{i=1}^{n} P_{\sim i} = \left[\prod_{i=1}^{n} \alpha_i , \prod_{i=1}^{n} m_i , \prod_{i=1}^{n} \beta_i \right]$$

$$P_{\sim \text{OR}} = 1 - \prod_{i=1}^{n} P_{\sim i} = \left[1 - \prod_{i=1}^{n} (1-\alpha_i), 1 - \prod_{i=1}^{n} (1-m_i), 1 - \prod_{i=1}^{n} (1-\beta_i) \right]$$

$$(10.13)$$

由经典 FTA 可知，假设故障树的全部最小割集为 $C_1, C_2, \cdots, C_{N_K}$，则顶事件的发生概率为：

$$P_T = P_S(t) = \sum_{i=1}^{N_K} P(C_i) - \sum_{i<j=2}^{N_K} P(C_i C_j) +$$

$$\sum_{i<j<k=3}^{N_K} P(C_i C_j C_k) +,\cdots, + (^- 1) N_K - 1 P(C_1 \cdots C_{N_K})$$

$$(10.14)$$

式中，C_i，C_j 和 C_k 分别为第 i、j 和 k 最小割集；N_K 为最小割集数。

顶事件故障树模型见图 10-8。根据模糊数区间运算法则可求得顶事件发生概率为 $(0.134\%, 0.988\%, 3.690\%)$。

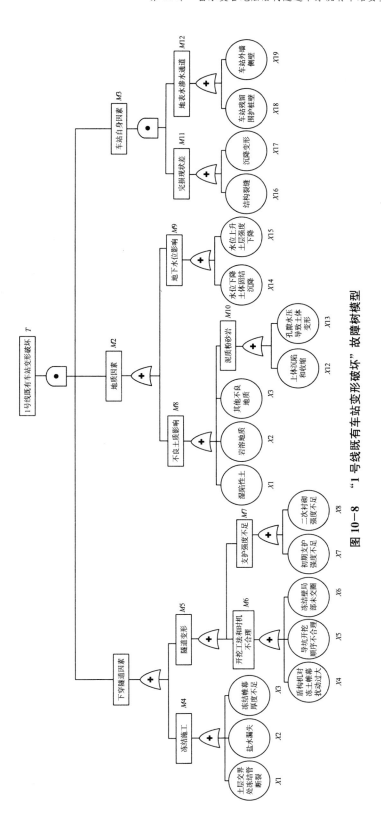

图 10-8　"1 号线既有车站变形破坏" 故障树模型

（3）模糊重要度分析。

结构重要度分析是从事故障树的结构上分析各基本事件的重要程度。若进一步考虑基本事件发生的变化对顶上事件发生概率的影响程度，则需分析基本事件的概率重要度。概率重要度系数为：

$$I_g(i) = \frac{\partial P(T)}{\partial q_i} \tag{10.15}$$

式中，$P(T)$ 为顶上事件的发生概率；q_i 为第 i 个基本事件的发生概率；$I_g(i)$ 为第 i 个基本事件的概率重要度系数。

关键重要度表示第 i 个基本事件发生概率的变化率引起顶上事件发生概率的变化率，表示为：

$$I_g^c(i) = \lim_{\Delta q_i \to 0} \frac{\Delta P(T)/P(T)}{\Delta q_i/q_i} = \frac{q_i}{P(T)} I_g(i) \tag{10.16}$$

根据扩展原理，可得到模糊概率重要度系数和临界重要度系数。

基本事件故障树的重要度排序为：

$$I(X19) = I(X18) = I(X17) = I(X16)$$
$$> I(X15) = I(X14) = I(X13) = I(X12) = I(X11) = I(X10) = I(X9)$$
$$> I(X8) = I(X7) = I(X6) = I(X5) = I(X4) = I(X3) = I(X2) = I(X1)$$

$$\tag{10.17}$$

基本事件的重要度见表 10—4。在所有基本事件中，上覆地铁车站的结构裂缝对顶上事件的影响最为显著。在下穿隧道因素中，土层交界处冻结管断裂、盐水漏失和冻结壁局部影响最明显；在地质因素中，土体沉陷和收缩、水位下降土体固结沉降和水位上升土层强度下降影响最明显。

表 10—4　基本事件重要度

	编号	基本事件	$P(T)/\%$	概率重要度	临界重要度
下穿隧道因素	$X1$	土层交界处冻结管断裂	0.865	0.006	0.125
	$X2$	盐水漏失	0.865	0.006	0.125
	$X3$	冻结帷幕厚度不足	0.933	0.005	0.055
	$X4$	盾构机对冻土帷幕扰动过大	0.933	0.005	0.055
	$X5$	导坑开挖顺序不合理	0.933	0.005	0.055
	$X6$	冻结壁局部未交圈	0.865	0.006	0.125
	$X7$	初期支护强度不足	0.933	0.005	0.055
	$X8$	二次衬砌强度不足	0.983	0.005	0.005

	编号	基本事件	$P(T)$/%	概率重要度	临界重要度
地质因素	$X9$	湿陷性土	0.988	0.026	0
	$X10$	岩溶地质	0.988	0.026	0
	$X11$	其他不良地质	0.988	0.026	0
	$X12$	土体沉陷和收缩	0.933	0.028	0.288
	$X13$	孔隙水压导致土体变形	0.983	0.026	0.026
	$X14$	水位下降土体固结沉降	0.933	0.028	0.288
	$X15$	水位上升土层强度下降	0.933	0.028	0.288
上覆车站自身因素	$X16$	结构裂缝	0.353	0.032	0.643
	$X17$	沉降变形	0.706	0.028	0.286
	$X18$	车站残留围护桩壁	0.520	0.047	0.474
	$X19$	车站外墙侧壁	0.520	0.047	0.474

注：$P(T)$ 为相应事件不发生时顶事件的发生概率。

7）上覆车站安全风险评估

（1）模糊层次综合评估。

①建立因素集。

参考《地铁及地下工程建设风险管理指南》，"上覆地铁车站变形破坏"事件的后果评价因素为：

$$U = \{u_1, u_2, u_3\} = \{直接经济损失, 人员伤亡, 工期损失\}$$

②建立评价集。

事件后果分为 5 个等级：

$$V = \{v_1, v_2, v_3, v_4, v_5\} = \{灾难性, 非常严重, 严重, 需考虑的, 可忽略的\}$$

③建立等级评价矩阵。

等级评价结果见表 10—5。

表 10—5　等级评价结果

因素	v_1	v_2	v_3	v_4	v_5
U_1	0	3	2	5	0
U_2	2	5	3	0	0
U_3	0	0	4	4	2

最终得到的等级评价矩阵为：

$$\boldsymbol{R} = \begin{bmatrix} 0 & 0.3 & 0.2 & 0.5 & 0 \\ 0.2 & 0.5 & 0.3 & 0 & 0 \\ 0 & 0 & 0.4 & 0.4 & 0.2 \end{bmatrix} \tag{10.18}$$

④一级模糊综合评价。

设 $u_{ij} = (i = 1,2,\cdots,n; j = 1,2,\cdots,m)$，表示第 i 个因素第 j 个等级，相应的权重为 a_{ij}，则对于 u_i 的等级权重集为：

$$A_i = (a_{i1},a_{i2},\cdots,a_{im}) \tag{10.19}$$

a_{ij} 归一化后得到：

$$\sum_1^m a_{ij} = 1 \tag{10.20}$$

实际运算中取 A_i 与 u_i 等同，得到一级模糊矩阵：

$$B = \begin{bmatrix} B_1 \\ \vdots \\ B_n \end{bmatrix} = \begin{bmatrix} b_{11} & \cdots & b_{1k} \\ \vdots & \vdots & \vdots \\ b_{n1} & \cdots & b_{nk} \end{bmatrix} \tag{10.21}$$

⑤建立因素权重集。

先构造两两比较判断矩阵，见表10-6。

表10-6 判断矩阵

参数	U_1	U_2	U_3
U_1	1	7	3
U_2	1/7	1	1/5
U_3	1/3	5	1

再由判断矩阵计算被比较因素的相对权重。具体步骤如下：

Ⅰ.引入三角函数，转换成三角模糊函数表，见表10-7。

表10-7 三角模糊函数表

参数	U_1	U_2	U_3
U_1	(1, 1, 2)	(6, 7, 8)	(2, 3, 4)
U_2	(1/8, 1/7, 1/6)	(1, 1, 2)	(1/6, 1/5, 1/4)
U_3	(1/4, 1/3, 1/2)	(4, 5, 6)	(1, 1, 2)

Ⅱ.通过表10-7计算列向量几何平均数 r_i。其中：

$$U_1 = (l,m,u) = r_1 = (2.289, 2.759, 4.000)$$
$$U_2 = (l,m,u) = r_2 = (0.275, 0.306, 0.437)$$
$$U_3 = (l,m,u) = r_3 = (1.000, 1.186, 1.817)$$

且满足

$$r_1 \times r_2 \times r_3 = (0.63, 1, 3.175)$$
$$(r_1 \times r_2 \times r_3)^{-1} = (1.587, 1, 0.315)$$

Ⅲ.计算每一列的模糊权重值。其中：

$$\widetilde{W}_1 = (2.289, 2.759, 4.000) \cdot (1.587, 1, 0.315) = (3.634, 2.759, 1.260)$$
$$\widetilde{W}_2 = (0.275, 0.306, 0.437) \cdot (1.587, 1, 0.315) = (0.437, 0.306, 0.138)$$
$$\widetilde{W}_3 = (1.000, 1.186, 1.817) \cdot (1.587, 1, 0.315) = (1.587, 1.186, 0.572)$$

Ⅳ. 采用反三角模糊数公式解模糊化，令

$$\mathrm{DF}_{ij} = \frac{a + b + c}{3} \tag{10.22}$$

式中，a，b，c 分别代表三角模糊数的下、中、上限 l_{ij}，m_{ij}，u_{ij}。

$$\mathrm{DF}_{U1} = \frac{(3.634 + 2.759 + 1.260)}{3} = 2.551$$

$$\mathrm{DF}_{U2} = \frac{(0.437 + 0.306 + 0.138)}{3} = 0.293 \tag{10.23}$$

$$\mathrm{DF}_{U2} = \frac{(1.587 + 1.186 + 0.572)}{3} = 1.115$$

Ⅴ. 正规化，让各个权重归一。即 $\sum \mathrm{DF}_{ij} = 2.551 + 0.293 + 1.115 = 3.96$，则所求特征向量为 $\boldsymbol{w} = [0.644, 0.074, 0.282]^{\mathrm{T}}$。

Ⅵ. 计算判断矩阵的最大特征根 $\lambda_{\max}$。

最后进行一致性检验。本算例 CR<0.10，满足要求。

⑥二级模糊综合评价。

将等级评价矩阵和因素权重集所求结果代入可得：

$$\boldsymbol{C} = \boldsymbol{w} \cdot \boldsymbol{R} = (0.0148, 0.2302, 0.2638, 0.4348, 0.0564)$$

⑦评价结果。

采用等级评分办法确定"1 号线既有车站变形破坏"风险事件后果的等级。分值乘以权重，总分为 2.712，事件后果等级的模糊值在（需考虑的，严重）之间，见表 10—8。

表 10—8　等级评价

等级	灾难性	非常严重	严重	需考虑的	可忽略
分值	5.000	4.000	3.000	2.000	1.000
权重	0.0148	0.2302	0.2638	0.4348	0.0564
得分	0.0740	0.9208	0.7914	0.8696	0.0564

（2）风险等级综合评定。

因顶事件"1 号线既有车站变形破坏"事件的发生概率为（0.134%，0.988%，3.690%），事件后果等级在（需考虑的，严重）之间。参考《地铁及地下工程建设风险管理指南》，评定出顶上事件的风险等级区间，可以得出"1 号线既有车站变形破坏"的风险分级分布在二级、三级之间。

参考文献

［1］张厚美，吴秀国，曾伟华. 土压平衡式盾构掘进试验及掘进数学模型研究［J］. 岩石力学与工程学报，2005（S2）：5762－5766.

［2］何川，陈凡，黄钟晖，等. 复合地层双模盾构适应性及掘进参数研究［J］. 岩土工程学报，2021，43（1）：43－52.

［3］吕强，傅德明. 土压平衡盾构掘进机刀盘扭矩模拟试验研究［J］. 岩石力学与工程学报，2006（S1）：3137－3143.

［4］GONZÁLEZ C，ARROYO M，GENS，A. Thrust and torque components on mixed－face EPB drives［J］. Tunnelling and Underground Space Technology，2016（57）：47－54.

［5］陈仁朋，刘源，汤旅军，等. 复杂地层土压平衡盾构推力和刀盘扭矩计算研究［J］. 地下空间与工程学报，2012，8（1）：26－32.

［6］程军. 盾构刀盘掘进过程数值仿真研究［D］. 沈阳：沈阳工业大学，2017.

［7］胡国良，何贤剑. 土压平衡式盾构机刀盘扭矩的计算及试验研究［J］. 筑路机械与施工机械化，2009，26（11）：68－70，73.

［8］朱述敏，喻涛，熊智鹏，等. 复合型土压平衡盾构推力与刀盘扭矩计算研究［J］. 机械制造与自动化，2016，45（3）：23－26.

［9］李向红，傅德明. 土压平衡模型盾构掘进试验研究［J］. 岩土工程学报，2006（9）：1101－1105.

［10］BOONE S J，MCGAGHRAN S，BOUWER G，et al. Monitoring the performance of earth pressure balance tunneling in Toronto［M］Boca Raton：CRC Press，2021.

［11］许恺，季昌，周顺华. 砂性土层盾构掘进面前土体改良现场试验［J］. 土木工程学报，2012，45（9）：147－155.

［12］莫振泽，王梦恕，罗跟东，等. 土压盾构在富水粉砂地层中浓泥渣土改良技术研究［J］. 隧道建设，2018，38（12）：2026－2031.

［13］汪辉武. 全风化花岗岩土压平衡盾构泡沫渣土改良技术试验研究［D］. 成都：西南交通大学，2018.

［14］周庆国. 土压平衡盾构在复合地层中渣土性质试验与改良技术研究［J］. 隧道建设（中英文），2018，38（4）：656－666.

［15］仇文革. 地下工程近接施工力学原理与对策的研究［D］. 成都：西南交通大学，2003.

［16］王岩，黄宏伟. 地铁区间隧道安全评估的层次－模糊综合评判法［J］. 地下空间，2004（3）：301－305，422.

［17］贾永刚. 北京地铁5号线下穿既有区间结构的安全评估［J］. 都市快轨交通，2006（5）：62－65.

［18］李讯，何川，汪波，等. 营运期隧道结构健康监测与安全评价研究［J］. 现代隧道技术，2008，45（S1）：289－294.

［19］陶连金，许有俊，王文沛. 盾构穿越既有地铁车站结构安全评估［J］. 地下空间与工程学报，2010，6（S1）：1513－1516.

［20］赵衍发. 浅埋暗挖法下穿既有地铁车站的风险控制［D］. 北京：北京交通大学，2013.

［21］潘栋. 地铁结构变形预测模型与安全评估分析［D］. 南京：东南大学，2016.

［22］方勇，何川. 盾构法修建正交下穿地铁隧道对上覆隧道的影响分析［J］. 铁道学报，2007（2）：83－88.

［23］邢烨炜. 北京地铁14号线盾构下穿京津城际铁路变形规律及动力响应分析［D］. 北京：北京交通大学，2011.

［24］黄朱林. 复杂城市地下下穿工程施工力学行为研究［D］. 成都：西南交通大学，2007.

［25］莫崇杰. 盾构隧道近距离小角度上穿已建暗挖隧道的施工方案研究［D］. 北京：北京：交通大学，2008.

［26］白海卫. 新建隧道下穿施工对既有隧道纵向变形的影响和工程措施研究［D］. 北京：北京交通大学，2008.

［27］张建安，刘发前. 超大直径盾构施工对上覆隧道的影响分析［J］. 地下空间与工程学报，2016，12（4）：1008－1013.

［28］汪国锋，陶连金，李积栋. 密贴下穿既有线的暗挖地铁车站群顶顶托关键技术研究［J］. 施工技术，2014，43（23）：113－117.

［29］张文龙. 大直径盾构隧道穿越既有地铁车站安全控制［D］. 北京：北京交通大学，2019.

［30］LITWINISZYN J. Application of the equation of stochastic processes to mechanics of loose bodies［J］. Archives of Mechanics，1956，8（4）：393－411.

［31］VERRUIJT A，BOOKER J R. Surface settlements due to deformation of a tunnel in an elastic half plane［J］. Geotechnique，1998，48（5）：709－713.

［32］JIN D，YUAN D，LI X，et al. Analysis of the settlement of an existing tunnel induced by shield tunneling underneath［J］. Tunnelling and Underground Space Technology incorporating Trenchless Technology Research，2018（81）：209－220.

［33］崔光耀，麻建飞，宁茂权，等. 超大矩形顶管盾构隧道近接下穿高铁施工加固方案对比分析［J］. 岩土力学，2022，43（S2）：414－424.

［34］龚航. 盾构下穿对既有车站与线路的影响与控制措施预研究［D］. 绵阳：西南科

技大学，2024.

[35] 刘勇，曹毅泽，吴薪柳，等. 地铁盾构施工下穿既有明挖隧道模型试验研究 [J].
中国铁道科学，2024，45（1）：110−121.

[36] 王秋实，丁文其，乔亚飞，等. 复合地层盾构穿越构筑物群扰动规律及桩基隔断效
应分析 [J]. 同济大学学报（自然科学版），2023，51（8）：1240−1250.

[37] 彭华，彭栩，李子晨，等. 盾构近距离穿越主干道下大断面隧道措施研究 [J]. 铁
道工程学报，2023，40（7）：86−92.

[38] 卢岱岳，王士民，何川，等. 新建盾构隧道近接施工对既有隧道纵向变形影响研究
[J]. 铁道学报，2016，38（10）：108−116.

[39] LI X，YUAN D. Response of a double−decked metro tunnel to shield driving of
twin closely under−crossing tunnels [J]. Tunnelling and Underground Space
Technology incorporating Trenchless Technology Research，2012（28）：18−30.

[40] LIANG R，WU W，YU F，et al. Simplified method for evaluating shield tunnel
deformation due to adjacent excavation [J]. Tunnelling and Underground Space
Technology incorporating Trenchless Technology Research，2018（7）：194−105.

[41] LIU J，SHI C，LEI M，et al. Improved analytical method for evaluating the
responses of a shield tunnel to adjacent excavations and its application [J].
Tunnelling and Underground Space Technology incorporating Trenchless
Technology Research，2020，98（C）：103339.